初めてでも安心！

失敗しない家の売り方買い方

あさ出版パートナーズ
PARTNERS

はじめに

「家を売るときに気をつけるべき点を知りたい」
「どんな基準で不動産会社や担当者を見極めればよいの？」
「少しでも高く家を売るにはどうすればいいの？」
「住み替えの家はどのように選ぶべき？」

おそらく皆さんはこのような悩みを抱えて本書を手に取ったのではないでしょうか。

不動産の売買は、人生で何度も経験することではありません。住まいが変わることは人生のなかで大きなターニングポイントとなります。取引するお金の額も膨大ですから、絶対に失敗したくない、妥協したくないと考える人がほとんどでしょう。

しかし、不動産の売買には複雑な手続きが必要だったり、「囲い込み」と呼ばれる業界ならではの慣習などがあったりするため、一般の人が家を売却する際には戸惑うことが多く出てきます。とくに初めてお住まいを売却する方は期待とともに不安も大きいことでしょう。

実際、不動産売買についての基本的な知識を知らないと、煩雑な手続きに困ったり、高値で売れるチャンスを逃したりする人は少なくありません。情報が手軽に取得できるようになったインターネット社会でも、この傾向は変わっていないのです。

申し遅れましたが、私はグローバルトラスト不動産の代表を務める桝谷浩太と申します。

思い出が詰まった住まいを手放し、新たなライフステージに踏み出すには大きな決断を伴います。私はそのような大きなライフイベントを通して、不動産の仲介という形でお客様のご自宅の売却・購入を数多くお手伝いしてきました。手前味噌な話ですが、約1万3000件の不動産相談、92・7％の顧客信頼度という弊社の実績は業界のなかでも胸を張れる数字だと自負しております。

本書は日々、お客様をサポートしているからこそわかる、家を売るときにつまずきやすいポイントとその解決方法などをやさしく解説した書籍です。初めて家を売却する人でも、困らないようにできるだけわかりやすくまとめているのはもちろん、不動産業界のグレーゾーンも公開しており、本書でしか得られない情報も少なくありません。

また、遺産相続や投資目的の場合を除けば、多くの方は売却後に住み替えを検討していることから、売却後の新居購入や税制面についても丁寧に触れました。本書を通して、ご自宅の売却後のライフプランを鮮やかに描いていけることでしょう。

私は不動産会社として責任を果たし、多くの方のお役に立ちたいと思い、日々お客様をサポートしております。本書が不動産売買で悩まれている皆さんの力になれれば、これ以上嬉しいことはありません。

グローバルトラスト不動産株式会社　代表取締役　桝谷浩太

目 次
CONTENTS

目次

CONTENTS

第2章　家を高く売るための売却テクニック

CONTENTS

第3章　物件タイプ別に見る売れる家、売れない家

第4章　後悔しない新居の買い方・選び方

編集協力 檀原照和

第１章

家を売却する前に準備しておくべきこと

家の売却は9つのステップに分けられる

「家を売却するのは、とても大変な作業なのでは？」

皆さんのなかにはこのように思っている方もいらっしゃるでしょう。

たしかに物件の相場を調べたり、不動産会社で見積もりを取ったりするなど、家の売却には多くの時間と手続きを必要とします。

しかし、大きな流れで家の売却を見てみると、それほど難しい作業ではありません。

本書では家の売却のために必要な行動を3つの段階と9つのステップに分類しました。調査から査定、交渉、売却、引き渡しといった流れを把握し、家の売却でどのようなことをする必要があるのか、まずはその全体像を理解しましょう。

3つの段階と9つのステップを把握する

第1段階　家の売却準備（21ページより）

ステップ1　調　査　ウェブサイトで自分の物件の相場を調べる
ステップ2　査　定　複数の不動産会社に査定を依頼する
ステップ3　面　談　訪問査定で担当者と直接話す
ステップ4　媒介契約　不動産会社を決定して媒介契約を結ぶ

第1段階は家の売却準備です。調査から査定、面談、媒介契約までの4ステップで構成されています。実際に物件を売りに出す段階ではありませんが、**よい条件で売却する方はこの段階からしっかりと取り組んでいるのが特徴です。**

第2段階　家の売却活動（70ページより）

ステップ5　売却活動　販売価格を決めたり、販促などの売却活動を開始する

ステップ6　内覧対応　見学希望者の内覧に対応し条件交渉する

第2段階では第1段階で準備したことをもとに、実際に物件を販売するステージです。**販売価格を決めたり、購入希望者の内覧に対応したりなど、家を高く売るために最も重要な段階といえるでしょう。**

第3段階　売買契約と引き渡し（87ページより）

ステップ7　売買契約　契約に必要な書類の準備

ステップ8　決　済　代金を受け取り、物件を買主側に引き渡す

ステップ9　確定申告　税務署に確定申告をする

物件の購入者が決まり、実際に契約書を取り交わしたり、決済や税金面などの手続きをしたりする段階です。**売却後にトラブルを発生させないために、丁寧に取り組むことが求められます。**

家を売却するときには、この3つの段階と9つのステップを踏む必要があります。ステップ9の税金関係以外はお客様一人で行うのではなく、不動産会社と一緒に進めていくことになるでしょう。ステップ1の調査〜ステップ8の決済までは最短2か月〜半年ぐらいが目安です。事前に、全体の流れを頭に入れておくことで、スムーズな家の売却につながるはずです。

家を売るタイミングで売却価格は大きく変わる

家を売却するといっても、不動産は景気によってその売れ行きが大きく左右されるものです。市場が過熱していれば相場は高くなり、市場が沈静化していれば相場は低くなります。家の売買は高額な取引です。相場の状況によっては同じ物件でも百万円単位の差が出ることがあります。つまり、**不動産の売却は売りに出すタイミングが重要ということです。**

せっかく大切な家を売却するのですから、少しでも高く売りたいですよね。

では、いつが売り時なのでしょうか。

ステップ1の調査に入る前に売却のタイミングについて考えてみましょう。

図1-1　首都圏における平米単価の推移

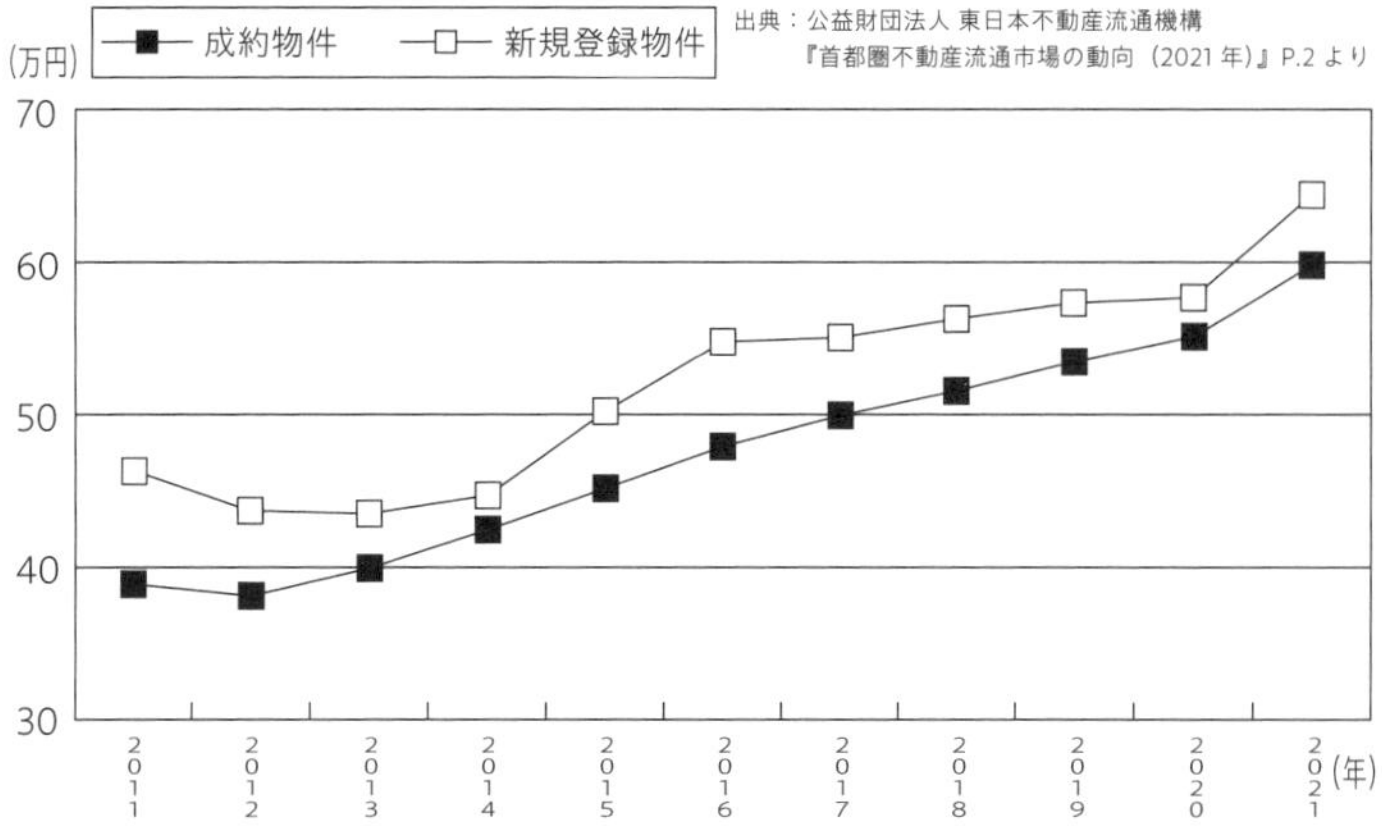

出典：公益財団法人 東日本不動産流通機構
『首都圏不動産流通市場の動向（2021年）』P.2より

図1―1を見てください。

東日本レインズ（公益財団法人 東日本不動産流通機構）の統計データによれば、2013年の首都圏（一都三県）における中古マンションの平均成約平米単価は39万円でした。それが、2021年には60万円を超えています。図には載っていませんが、**70㎡の物件で比べてみると、2013年は2730万円だったのが、2022年には4620万円にまで上昇していることがわかっています。**

また、民間調査機関の不動産経済研究所（新宿区）によると、東京23区の新築分譲マンション一戸あたりの平均価格は2021年度に8449万円を記録しま

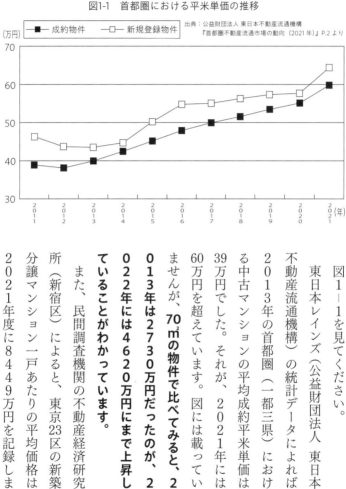

した。これはバブル期の記録を超えて過去最高額です。とくに4月と8月は1億円の大台を超えています。4月は1億1８0万円、8月は1億８1２万円でした。

しかも、**この高価格帯にもかかわらず、契約率は好調です。**

月間契約率の好不調のボーダーラインは70％とされていますが、２０２1年4月は76・6％、8月も72・5％でした。月間契約率は新築分譲マンションの発売月における成約率を示すものです。発売したその月の時点で7割売れていれば、完成する頃には完売の道筋がついていると判断できます。

新築物件の価格高騰は、中古物件の価格上昇にも波及しています。新築物件の購入を検討していた方が価格高騰を受けて、中古物件へと購入を変更するからです。

家を売却する立場で考えれば、この状況は理想的です。新築物件が高騰するあまり、相対的に価格が低い中古物件にも人気が集まっているからです。

これらの状況から、家を売却するならまさに「今」が絶好のタイミングといえるでしょう。

不動産価格の上昇の要因とは？

都心の不動産価格が上昇している要因のひとつは、東京都の人口が一貫して増加傾向にあるためだと考えられています。

　東京都総務局統計部のデータによると、平成27年11月から令和2年10月までに約51万人、人口が増加しています。東京に人口が集まるのは、家と職場の距離が短い「職住接近」がひとつのトレンドになっているからで、ワークライフバランスの確保や通勤時間短縮による生産性の向上など、仕事ばかりでなくプライベートの充実に人々の目が向けられているためです。

　人口の流入が止まらない状況から、とくに環状八号線の内側とＪＲ山手線の内側など、都内中心部に近づくほど地価は相場が下がらず、むしろ上がるような気配が続いているのです。

　それだけではありません。経済成長著しいアジア圏の国の人々による不動産購入が、不動産価格の上昇を後押ししています。アジア系富裕層が高価格で物件を買い入れると、それにつられて周辺の物件も高騰する流れが発生します。

また、不動産価格の高騰は、新型コロナウイルス禍も関係しています。新型コロナウイルス禍によって中古物件の売り出し件数が少なくなっており、需要と供給のバランスが崩れ、供給が少なくなっているのです。

これは居住中物件の内覧について「新型コロナウイルス禍では嫌です」という声が根強くあるためで、中古物件に希少価値を生み出しています。

郊外でも不動産価格が上昇している

不動産価格が上がっているのは都内だけではありません。**神奈川県の横浜や湘南など「住みたい町ランキング」上位の常連になっている郊外の街にも勢いがあります。**横浜のみなとみらいから少し外れにあるマンションは、築10年でおよそ倍の値段に市場価格が跳ね上がりました。その他、湘南エリアでは今が不動産バブルになっていて、オーシャンビューが楽しめる物件は即成約の状況が続いています。

このように、都心だけではなく、一都三県全体で相場は高騰しているのです。

ステップ1 調査
不動産ウェブサイトで物件の相場をチェック

家の売却では全体で9つのステップを踏むと先述しました。ここからそれぞれのステップについてどのような段階を踏んでいけばよいのか具体的に見ていきます。

まず、ステップ1は調査です。

ここでの調査とは、所有している不動産がいくらで売れるのかを調べることです。

これがわからないと、住み替えの予定が立てられません。離婚や遺産分与が目的で家を売る場合でも、新生活や今後のお金の使い道のイメージがわかなくて困ることになるでしょう。

調査というと難しく感じるかもしれませんが、インターネットで必要な情報を調べるだけなので誰でもできます。**パソコンがなくてもスマートフォンさえあれば、不動産情報の総合サイトで物件の相場を調べることができます。**

たとえば、自宅マンションを売りに出す場合、同じマンションの物件が売りに出されていれば、それは重要な情報となります。建物や立地が同じであれば、市場価格も大きく変わることはないからです。また、近隣に似た条件の物件を見つけられれば、それも絶好の比較対象になるでしょう。

このようにして、いくつかの物件の価格を見て相場観を養っておけば、不動産会社の査定額に冷静な判断が下せるようになります。査定額の根拠が妥当かどうか、見分けがつくようになるのです。

SUUMOやアットホームで調べる

では、どの不動産サイトで自分の物件の相場を調べればいいのでしょうか。

おすすめは次の3つです。

- **「SUUMO」**（https://suumo.jp/）
- **「アットホーム」**（https://www.athome.co.jp/）
- **「レインズ・マーケット・インフォメーション」**（http://www.contract.reins.or.jp/）

「SUUMO」と「アットホーム」は言わずと知れた大手不動産サイトです。一方で、「レインズ・マーケット・インフォメーション」は公的機関レインズ（REINS）が運営するサイトで、高い信頼性を誇っています。ただし、販売中の物件が見られないなどの制限はあります（マンション名など詳細な物件情報は掲載されません。またMacintoshやスマートフォンには対応していません）。

この他にも、国土交通省が運営する「**土地情報総合システム**（https://www.land.mlit.go.jp/）」も役に立つでしょう。

実際に行われた過去の取引価格を検索できるほか、地価公示（標準地の価格）や都道府県の地価調査（標準地の価格）を確認できます。

不動産取引の情報を集積したサイトとは別に、地価を調べることも可能です。国税庁の「**財産評価基準書　路線価図・評価倍率表**（https://www.rosenka.nta.go.jp/）」は、公道に面する宅地1平米あたりの評価額（路線価）を調べられます。路線価は売買を想定した金額ではなく、相続税や固定資産税を計算するための指標です。直接役立つわけではありませんが、不動産売却の価格交渉のための予備知識となるでしょう。

不動産の相場に影響を与える重要な要素とは？

不動産の相場を調べるときは、次の項目を合わせてチェックしましょう。

- **種別（マンションか一戸建てか）**
- **建築構造（木造、鉄骨、鉄筋コンクリートなど）**
- **床面積**
- **間取り**

・築年数

実際には、他にも日当たりや最寄り駅からの距離、周囲の住居環境などによって不動産価格は左右されます。またその地域に再開発の予定が発表されたりすると、不動産価格は徐々に跳ね上がります。

不動産価格は常に変動しますが、事前に調べておくことで、そのときどきの相場は大まかに理解できるはずです。

売り時は1～3月がベスト、8月は避けるべし

自分の物件の相場がなんとなくわかり始めると、売却する実感が出てくることでしょう。不動産会社にアプローチする前に、売り出すタイミングについて押さえておきましょう。

不動産の売買ではほとんどの場合、内覧が発生します。

その内覧が最も活発な時期は1～3月です。理由はふたつあります。ひとつは4月の新生活に向けて住み替え需要が喚起されるからです。

もうひとつは年末年始、帰省した際に住居購入の話になることが多いためです。地方に住むご両親が「家を買うんだったらお金出すよ」というケースは少なくありません。このふたつの理由が重なって、1～3月に内覧を希望する方が増えるのです。

一方で内覧が少ない時期は8月です。真夏のため、外出が億劫になるからです。ただし、お盆の時期にも帰省がありますから、このときにも地方に住む両親と住居購入の話になることが多いようです。そこで**暑さが和らいだ9月から家探しを始める方もいます。**

これらの不動産市場の動きを考えると、**需要が高まる1～3月が売り時で、需要が収まる8月は避けるべきタイミングといえます。**

ちなみに、マンションの物件の売却は、同じ建物内または周辺に似たスペックの売り物件がないときがチャンスです。そのタイミングを選ぶことで価格競争を避けられます。

もし先に似た物件が売りに出されていると、自分の物件を選んでもらうために価格を下げなくてはならなくなるかもしれません。そのリスクを避けるために、近隣に同程度の売り物件がないときを狙うのです。

新居の購入前に物件を売却する「売り先行」のメリット＆デメリット

売り出しのタイミングと関連して考えておきたいのは、物件の売却の進め方です。すなわち、新居の購入前に売却を進めるのか、それとも新居が決まってから売却を進めるのかという問題です。

不動産を売却する方の多くは、住み替えを想定して行動しています。大多数は物件2軒を所有するだけの余裕はなく、現在お住まいの物件を売却して、住宅ローンの残債を返済したり、その売却資金を新居への資金に充てたりすることを考えています。そのとき「先に売るか（売り先行）」、あるいは「先に買うか（買い先行）」を選択する必要が出てくるわけです。

では、「売り先行」と「買い先行」はどちらのほうがよいのでしょうか。

売り先行のメリット

まずは売り先行のメリットを見ていきます。

- **販売期間を長く設定でき、落ち着いて売却に臨める**
- **希望価格で売れる可能性が高い**
- **物件が売れてから動くため、新居の資金計画が立てやすい**

希望の価格で売れるまで、落ち着いて売却に臨めることが最大のメリットです。

なお、住宅ローンを借りている方は家を売却するには「抵当権を外す」必要があります。王道の方法はご自宅のローンを完済して抵当権を外すことです。売り先行を選択すれば、売却資金で残債を精算することができます。

ローンを完済せずに住み替える場合は、新居の分と併せてダブルローンを組むことになりますが、先に物件を売ってしまえば今後の資金繰りが立てやすくなります。

売却益が出たら新居のローンの頭金にすることもできるでしょう。堅実派に向いた手法です。

売り先行のデメリット

一方で、売り先行のデメリットは次の2点です。

- **住み替え先が見つからなかった場合、希望の物件が見つかるまで賃貸物件を借りる可能性がある**
- **通常の引き渡しは売買契約後2〜3カ月だが、売り先行ではその引き渡し期限を半年〜10カ月後に設定するケースがある**

売買契約が成立したら、引き渡し日までに家を空にしておく必要があります。売り先行では多くの方は不動産会社の担当者と相談して、引き渡し日に余裕を持たせます。つまり、通常は2〜3カ月後に設定する引き渡し日を半年〜10カ月後に設定して、新居探しの時間に余裕を持たせるのです。

購入者側にとっては住居を手に入れるまでに時間がかかることになりますからマイナスポイントです。売り物件としての魅力が半減します。

また、**新居が見つからなかった場合は、賃貸物件に仮住まいしながら新居を探す形になります。**引っ越しにも敷金礼金や仲介手数料がかかりますから、もし仮住まいの期間が長引けば、それだけで100万円以上の金額が飛んでいくことでしょう。

新居の購入後に物件を売却する「買い先行」のメリット＆デメリット

物件の売買は大きなライフイベントのひとつです。「余裕を持って新居を探したい」と考えるのが普通でしょう。その場合は、買い先行を選ぶことになります。「買い先行」のメリットは次の点が挙げられます。

- **新居をじっくり探せ、売り先が決まる前に確保できる**
- **仮住まいの期間がない**
- **居住中に内覧対応したくない売主も安心できる**

人気物件はいつまでも待ってくれません。**資金に余裕があるのなら、買い先行がおすすめです。**仮住まいの期間を挟みませんから、引っ越しも一度で済みます。「売り先行」とは違って、売却したご自宅の引き渡し期限までに新居を決めなければいけないプレッシャーもありません。次の引っ越し先が決まっているというのは、大きな安心材料です。

もし現在の住宅ローンが残っていたとしても、ダブルローンや住み替えローンと呼ばれるローンを組んでしまえば資金繰りの目処が立ちます（後述しますが、ダブルローンは使える銀行と使えない銀行があったり、新居の住宅ローン支払いを自宅が売れるまで利払いのみ、元金は据え置きにすることができる銀行もあります）。

売却面では、内覧対応をしなくて済むのも大きなメリットです。売り先行だと、売却期間中は毎週のように内覧希望者が訪れますので、外出もままなりません。掃除や片付けも一苦労です。そうした煩わしさから解放されるのも、買い先行の長所となります。

買い先行のデメリット

一方で、「買い先行」のデメリットは次の通りです。

- **資金計画によっては売却がうまくいかない場合、新居の契約が白紙になるリスクがある**
- **売却資金を購入資金に充てる計画の場合、売り急いで売却価格を下げてしまうことがある**
- **住まいが売れない場合、「買取りサービス」を実施している会社があるが、安く買い叩かれる可能性が高い**

デメリットのひとつ目は、ダブルローンを使わずに「買い先行」でご自宅が決済日までに売れなかった場合、新居の契約を解除できるという特約が盛り込まれていることとです。**自分の物件が売れなければ、住み替えが白紙になるわけです**（ダブルローンの場合はこのリスクがなくなります）。仲介会社としては入ってくるべき仲介手数料も白紙になるため、悪質な業者だとこの特約を入れていないこともあります。売買契約時に確認したほうがよいでしょう。

ふたつ目は、売り急いで価格を下げてしまうリスクがある点です。決済の期日までに物件を売却しようと焦って、低い価格で売却してしまうのです。とくに特約がない場合、相場よりもずっと低い価格で手放すリスクもあります。

3つ目は「買取りサービス（買取り保証）」についての注意です。買取りサービスを行っているのは、比較的規模が大きな会社です。「もし売れなくても買取りしてくれるなら安心」と安易に契約してしまうのは危険です。買取りサービスで売却することになった場合、相場の7〜8割の価格で買い取られてしまいます。買い取りサービスをする会社は物件をリフォームし、利益分を価格に乗せて販売します。できる限り利益を出すために、安く買い叩かれてしまうのです。

買取りサービスでは、売り先が見つからなくても自社の利益は確保できるので、あまり熱心に物件を探してくれない可能性もあります。最悪の場合、顧客を囲い込んで内覧をさせず、「売れなかったのでお約束通り買い取ります」というケースもありえます（かなり酷い場合に限られます）。

なかには「買い取って転売後に利益を還元します」というサービス（商品）も存在しますが、還元されたとしてもわずかな金額でしょう。夢を感じさせる広告が巷《ちまた》には流れていますが、慎重に判断する姿勢が必要です。

最も効率的な第3の選択肢「売り買い同時進行」とは？

「売り先行」と「買い先行」についてお話ししました。

実はもうひとつ、**「売り買い同時進行」**という方法があります。その名の通り、売りと買いを同時進行で進めながら、引渡し日を同じ日に合わせる進め方です。

メリットは現在の住宅ローンを完済する日と、新居の住宅ローンを借り入れる日が同日になるので、ダブルローンの期間がなくなる点です。「売り先行」のように、賃貸物件での仮住まいが必要になることもありません。

ただし、「売り買い同時進行」は狙って実行できるほど簡単ではありません。理想的な価格で物件を売却して、限られた期間内に魅力的な物件を購入する。ひとつだけでも大変な作業なのに、ふたつを同時に実現して引き渡し日も一致させるのは、難易度がかなり高いのです。

不動産会社は1社に絞って任せるべき？

たまに、売り買いの引き渡しを同日にするためには、不動産会社は1社に任せるべきという記事を見かけます。しかし、これは必ずしもその通りとはいえません。

たしかに、購入と売却を一手に担うため、業者間で進捗状況を伝える手間が省けて、やり取りがスムーズになるメリットはあります。ただし、別の不動産会社を通して新居を購入しても売主側との引き渡し時期が合えば、問題なく引き渡し日は一致させられます。

もし「売り買い同時進行が理想的なので、売りも買いも一社に任せましょう」という記事を見つけたら、そこには「売りだけでなく、買いも委託されたい」という不動産会社の意図が働いているのだと思います。注意が必要かもしれません。

まとめると、**「売り買い同時進行」はあくまで「売り先行」で高い価格で売却をし、たまたま理想的な購入物件が見つかったときにはじめて視野に入れるものと考えましょう。**不動産の売買状況は流動的ですから、多様な選択肢を取れるようにしておいたほうがよいでしょう。

また、売却益が出る方は売却益に対する税金を控除できる３０００万円特別控除を利用するケースもありますが、新居の住宅ローン控除と併用はできないので、あえて賃貸に引っ越すという選択もありです。

ステップ2　査定

複数の不動産会社に査定を依頼する

不動産情報サイトで物件の相場を調べたら、ステップ2の査定に移ります。

査定は、不動産会社に対して、自分の物件がどのくらいの価格で売ることができるかを判定してもらう段階です。

あくまでも売却価格の最終的な決定権は売主側が握っています。不動産会社が売却価格を決められるわけではありません。しかし相場から大きく外れた価格で売り出しても買い手は見つけられません。余計な時間を浪費するだけですから、そのためにも査定は重要なステップです。

一括査定で2〜3社に絞る

限られた時間のなかで効率的に進めるためにも、**一括査定を利用して各不動産会社の相見積もりを取りましょう。**この段階は不動産会社選びの「1次審査」となります。金額や対応などを見ながら、2〜3社に絞っていきましょう。

「不動産　一括査定」などで検索すると、たくさんのウェブ情報サイトがヒットします。数百〜2000社以上の業者と提携しているサイトもありますが、多くの場合、3〜6社に対して同時に査定依頼する形です。

サービスは、お住まいの地域やウェブサイトの使いやすさなどを基準に選んでしまって構わないでしょう。

見積もりで注意しなければならないのは、車の売却のように「査定額＝売れる金額」ではないということです。不動産に決まった価格はありません。とくに中古物件はすべてが一点物です。相場自体は存在しますが、実際には売り出してみないと、その物件の価値が明らかにならないことがあります。

たとえば、次のような事例がありました。

6000万円が相場の目黒区にあるマンションです。売主様が「高い価格で売りに出したい」と希望されたので、6980万円で販売開始したところ、6900万で売ることができました。

ほとんど希望価格通りに売却できた理由は、その物件は大型犬が飼育できたからです。大型犬を飼えるマンションは希少です。

このように、周辺物件にはないアピールポイントが自分の物件にあれば、過去の成約価格にならうことなく、強気で押し出しても売れることがあります。

コラム　高い査定額を出してくれた会社に任せると？

実際にオンラインでの査定を依頼してみるとわかりますが、基本的には各社とも同じような査定価格を出してくるはずです。

もし1社だけ1～2割程度高い査定額の会社があったら、その根拠をしっかり確認しましょう。「過去の取引の積み重ねから算出しました」などと回答が曖昧だったら要注意です。

あるいは「弊社の顧客にこういう方がいます。内覧を我が社に任せていただければ、今週末にでもすぐご案内します」と営業する担当者も珍しくないようです。

実際に次のような事例があります。

お客様のAさんが一括査定の依頼後、複数の会社に訪問査定をお願いしました。

そのなかの1社が私の会社でした。

私がお客様とお話しすると、「他社さんからは『この金額で内覧を希望している人がいるから任せてほしい』と高い金額を提示されているんです。桝谷さんは、どのように思いますか？」とご相談を受けました。

私は「そのお客様以外にも、その業者に売却を依頼するメリットはありますか？もしメリットがあるのだったら、検討してみてもいいのではないでしょうか」と答えました。

このようにアドバイスした理由は、悪徳業者のなかにはサクラを雇って内覧させるケースがあるからです。サクラですから内覧するだけで契約には至りません。お客様にとってはなんのメリットもなく、その不動産会社の担当者が会社のノルマのために媒介契約を取得したいだけなのです。

Aさんは私のアドバイスを聞いたうえで検討したところ、弊社の仲介スタイルに賛同していただいたこともあって、弊社にて媒介契約をしていただけることになりました。

後日、最初に話を持ちかけた会社の内覧について弊社から確認してみると、キャンセルになって、見学希望者は来なかったとのことでした。

正しい価格を設定することが損をしない売却につながる

売却したい時期が決まっておらず、高く売れるのであれば売却したい（＝安ければやめたい）という方もいらっしゃるでしょう。そのような方は、過去の成約事例や周辺・近隣の相場より高い価格設定で進めることになります。

内覧に来られる方は不動産会社の説明だけではなく、インターネットの情報も活用しています。事前に物件を絞ったうえで、気になった物件の内覧に来られます。ですから周辺相場よりも高い物件は、価格面での競争力が弱くなるため、内覧数がかなり少なくなってしまいます。

とはいえ、事前調査せずに内覧して、購入する方もたまにいらっしゃいます。とくにアジア系の富裕層の方は港区、中央区を中心に相場よりも高く購入する傾向があります。ですから、**半年～1年前ぐらいの長期スパンで売れるのを待つのもひと**

つの方法です。

ただし、必ず売却したい方や住み替えの時期が決まっている方に、この方法はおすすめしません。**物件の売却は販売期間が3カ月以上になると、売れ残り物件という印象がついてしまうからです。**買い手から見ると、物件が問題を抱えているように見えてしまい、市場での価値が下がってしまいます。

長い間売れない物件はどうなる？

たとえば、査定額6000万円の物件を売りに出したとします。

最初は6500万円で販売を開始。査定額6000万円の物件なので、最初はなかなか売れませんが、値下げ交渉を挟むことで最終的に6300万円で成約できる可能性が高いです。おそらく売却にかかる期間は3カ月ほどでしょう。

もし、この物件を7000万円で売りに出したらどうなるでしょうか。

7000万円だと相場よりもかなり高いため、そのまま契約が決まる可能性は少ないでしょう。3カ月後に6700万円、6カ月後に6500万円まで何度か値下げを実施しても、まだ相場よりも高値のため買い手が現れる可能性は高いとはいえません。この時点で販売から半年経過しています。

物件の販売は半年も経つと、売れ残りの印象が出てしまいます。すると、**買い手も「物件に問題があるのではないか」と勘繰り、売却活動が停滞します。**

最終的に売却が成立したときの額は6000万円とも考えられるでしょう。**はじめから適正な価格で販売したほうが高い価格で売れる可能性は高いのです。**

ステップ3　面談

不動産会社は大手出身の担当者がいる中小企業を選ぶべし

査定による見積もりが済んだら、不動産会社と面談（訪問査定）をします。**2〜3社に絞り込んだ不動産会社のなかから、仲介を任せる会社を選びましょう。**

不動産会社の選択では、大手企業と中小企業のどちらを選んだほうがよいのか、という質問をよく受けます。

大手企業だとよいお客さんを抱えていそうなイメージもあるでしょう。しかし、**現在の不動産業界では、会社の大きさは物件の売却にはあまり影響はありません。**インターネット社会になったことで、企業の販売促進・広告力に企業の規模は関係がなくなったからです。

かつてはチラシのポスティングが不動産広告の主流でした。アナログな広告手段しかなかった時代では会社の資本力が鍵でした。

それが現在ではチラシのポスティングなどの広告方法はすっかり下火です。とくに新型コロナウイルス禍以降は一段と目にする機会が減りました。

代わりに台頭してきたのがインターネット広告です。この手法では大手企業も中小企業も同じように表示されます。

先述したように、不動産業界には「レインズ（ＲＥＩＮＳ）」と呼ばれる不動産流通標準情報システムがあります。国土交通大臣から指定を受けた不動産流通機構が運営しているコンピューターネットワークで、一般の方は閲覧できません。

２０２１年度におけるレインズの新規登録件数は４６２万６９３４件でした。この膨大なデータベースを使って、不動産の取引を活発化させたり、物件の査定をアシストしたりします。

レインズの事業登録社数は、東日本圏域だけでも７万事業所におよびます。どの不動産会社も依頼された不動産をレインズに登録します。**都内だけでも２万５０００の不動産会社が目を通しますので、レインズを利用すれば会社の規模に関係なく**

同じように売れるというわけです。

後悔しない不動産会社の選び方とは？

では、どうやって不動産会社を選べばいいのでしょうか。

現在の主な広告手段は不動産情報サイトへの出稿です。会社の規模に関係なく、広告が打てる時代になりました。ですから会社の規模よりも、むしろ担当者個人の力量が問われるようになっているといえるでしょう。

見るべきポイントは、担当者の実績、知識、雰囲気、話し方、人となりです。感覚的な話になりますが、「この人なら売ってくれそう」と安心して任せられる担当者を見つけることが大切です。

大手不動産会社には支店間の競争が存在します。他支店との縄張り争いがあり、後述する両手取引を目指すために「どうやって自分の担当エリアで契約に持ち込むか」と考えている担当者は少なくありません。そうなるとせっかく企業規模が大きくても、顧客数は限られてしまうため、依頼するメリットは半減します。

さらに、大手不動産会社には過去に取引した顧客が大勢いますが、現在も継続して付き合いがあるのか不明です。実績についても相当の件数を取り扱ってきたのは間違いありませんが、囲い込みをせずにきちんと売主の希望通りの額で売れているのかわかりません。

大手不動産会社でも物件の調査項目や売買契約の特約に熟知していない担当者だったら依頼すべきではありません。 一方で、中小企業でも、大手不動産会社出身の担当者、あるいは管理職が大手不動産会社の出身者であれば、知識やスキルに問題はないでしょう。物件の調査項目や売買契約の特約を熟知しているからです。

また、**不動産会社の得意分野とあなたの需要がマッチしているかという視点も大切です。** 賃貸専門、売買専門、居住用の不動産売買、投資用の不動産売買など、会社によって得意分野は分かれますので、その点を見極めたうえで判断しましょう。

不動産業界のグレーゾーン「囲い込み」の対象にされないために

不動産業界には長年懸念材料となっている問題があります。

それが「囲い込み」と呼ばれるものです。

「囲い込み」とは、仲介契約を結んだ不動産会社が自社の顧客だけに物件を紹介する習慣のことです（図1－2参照）。

なぜこれが問題なのでしょうか。

仲介手数料のしくみをお伝えしながら説明しましょう。

日本の法律では購入でも売却の場合でも、仲介手数料は「3％＋6万円（税別）」までと決められています。 顧客の売り契約と買い契約、どちらか片方だけの売上では3％にしかなりません。もし、**売りと買いの両方の契約をできれば、6％で売上**

が2倍になります。

レインズを利用する2万5000もの不動産会社が、都内の物件に目を光らせています。しかし、実際には売りの契約は受けることができても、買いの契約をできる可能性は低くなる傾向にあります。

その結果、不動産会社は他社からの顧客を閉め出す＝「囲い込み」をするのです。本来であれば、売却を任された不動産会社は、委託された物件情報を自社の広告以外にも、不動産会社間のデータベースであるレインズに登録。他の不動産会社でも顧客に物件の紹介をできるようにします。

このシステムがあることで、全国の不動産会社を経由して多くの買主候補を見つけることができ、より速く、より好条件で売却することができるのです。

しかし、他の不動産会社が買い手を見つけてくると、売りと買いの両方の契約を取る「両手」の取引はできません（図1－3参照）。売上は売主側からの仲介手数料の3％分だけです。だから、不動産会社は情報を隠して他社に知られないようにするのです。

不動産会社によっては、「すでに申し込み済みです」、「担当者が不在です」などと

図1-2　「囲い込み」のイメージ

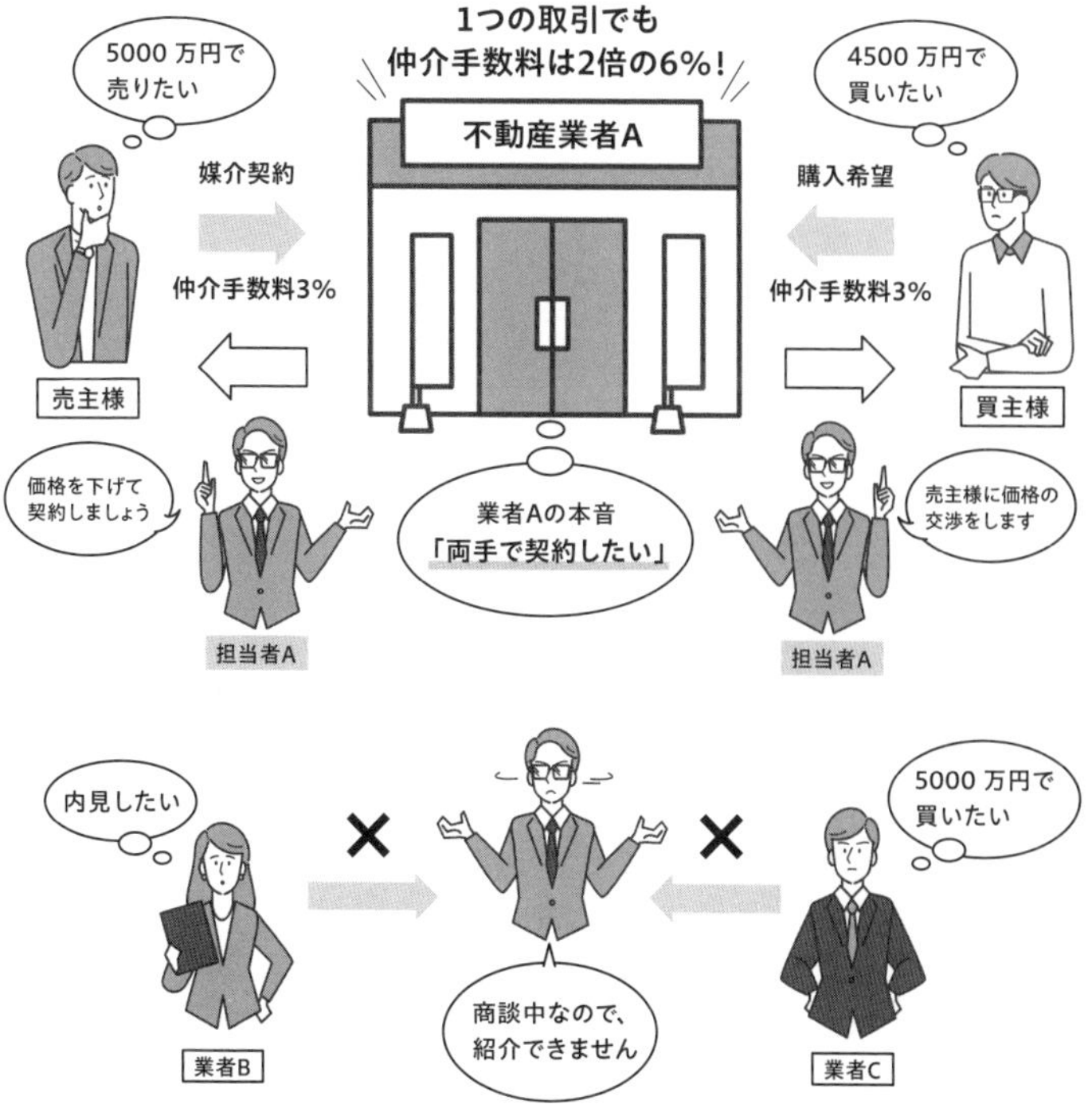

図1-3　両手仲介と片手仲介

両手仲介とは、

売主様・買主様の両方から
手数料をいただく仲介のこと。

片手仲介とは、

売主様・買主様のどちらか片方から
手数料をいただく仲介のこと。

虚偽の報告をして、自社のみ契約ができるようにする会社もあります。

売主側から見た「囲い込み」のデメリットは、売値が下がったり、成約までに時間がかかったりするなど軽視できるものではありません。

「囲い込み」は日常茶飯事で起きている

私が実際に経験した「囲い込み」の事例は次の通りです。

新居をお探しのお客様のために、レインズで物件を検索しました。希望の物件が目に留まり、急いで窓口となっている不動産会社に連絡をして内覧をすることにしました。**物件を見たお客様は気に入って、売値の6000万円から交渉することなく、そのままの金額で購入することを決めました。**

後日、私は窓口の不動産会社に、「先日は内覧のご対応ありがとうございました。買主様からご購入の申し込みをいただいたので契約したいです」と購入申込書を送付のうえ、お伝えしました。先方から「わかりました」と返答をいただき、もろもろの手続きも済ませて、後日、連絡をいただく話になりました。

ところが何日経ってもその不動産会社からの連絡がありません。先方の担当者に確認したところ、「自社が案内したお客様でもっとよい条件で購入する方がいたので、そのお客様と契約することになりました」と契約をお断りする連絡が返ってきたのです。

大変残念なことですが、仕方がありません。お客様にも事情を丁寧に説明するしかありませんでした。

実はこの話には続きがあります。契約お断りの連絡から数日後、売主側から私に連絡が入ったのです。

「依頼した不動産会社から5700万円で購入希望がありました。桝谷さんはどう思いますか？」

「私のお客様が6000万円で購入希望を出しましたが、聞いていませんか？」

「そのような話は聞いていませんが……」

他社による「囲い込み」が発覚した瞬間でした。

本来、売主側から私に連絡がくることはありませんが、この方とは住み替え先の物件をご案内していた関係で連絡を取っていました。

申し込みまで話が進んで売却を決めても、最終的に「囲い込み」をされてしまえば、希望の金額で売却できない可能性があります。

このケースでは囲い込みの事実をお伝えし仲介会社を変更していただくことで、お客様の希望通りである6000万円で成約することができました。

大手不動産会社ほど「囲い込み」をする理由とは？

「囲い込み」には長い歴史があります。インターネットの普及以前では、大手不動産会社は企業規模のメリットを活かし、「囲い込み」をすることで業績を上げることができていました。

しかし先述のように、レインズや不動産広告サイトが一般的になってからは、企業規模のメリットはなくなりました。インターネット上では大手企業も中小企業も平等に販売促進ができるからです。

２０１６年から国交省の指導により、「囲い込み」対策も行われています。「ステータス制度」と呼ばれるもので、売主側がレインズにご自身の物件が登録されているか、インターネットで確認することができます（レインズの登録証明書という書類が交付されます）。

さらにインターネット経由で取引状況も確認できるため、「公開中」「書面による申し込みあり」など、物件が現在どのような状態になっているのかを確認できます。とはいえ、現在でも「囲い込み」は完全に解消されていません。

これには大手不動産会社の利益構造が関係しています。

大手不動産会社は膨大なランニングコストに支えられて経営が成り立っています。各主要駅の支店運営、テレビCMへの出稿、新卒者の採用、売主側への各種サービス（引き渡しから1~2年間の設備保証サービスなど）といったさまざまな部分にお金をかけています。**それらの維持費は「両手取引」を前提に賄われており、**両手取引をするためには「囲い込み」が有効な手段とされています。そのため、**中小企業よりも大手企業のほうが積極的に「囲い込み」を行うという状況が生まれているのです。**

先述のように、10年前に比べて「囲い込み」への社会的対策が講じられてはいますが、手口はより巧妙になっています。

「囲い込み」をしない不動産会社の見極め方

これまでの説明からもわかるように、**よりよい成約を目指すなら「囲い込み」をしない不動産会社に依頼することが大切です。**見極めが難しいことは否めませんが、情報をオープンにしている会社を選びましょう。一般の方が実践できる簡単な方法として、次のような問いかけがあります。

「御社は他の不動産会社の内覧を受けつけてくれますよね？」
「『囲い込み』については、どのような対策をしていますか？」

この質問で不動産会社にプレッシャーを与えられます。

繰り返しになりますが、大手不動産会社は利益を出すために「囲い込み」をする傾向があります。「囲い込み」をしないビジネスモデルを展開しており、かつ大手不動産会社で経験を積んだ担当者が在籍する不動産会社を選ぶようにしましょう。

ステップ4　媒介契約

仲介会社と結ぶ3種類の契約形態を知る

不動産会社を選んだら、媒介契約を結ぶ段階へと移ります。
媒介契約には3つの種類があります。

①専属専任媒介契約
②専任媒介契約
③一般媒介契約

①と②は1社のみと結ぶ契約です。③は複数社と取り交わす契約になります。それぞれ個別に解説していきます。

まず**①専属専任媒介契約はすべてを1社に任せる専属契約で、売り手が自分で買**

い手を探すことも禁じられます。契約を結んだ不動産会社は、5営業日以内のレインズへの物件の登録と、1週間に1回以上の売り手への業務報告が課せられています。

②専任媒介契約は1社のみと契約する点では①と変わりません。ただし、**売り手が自分で買い手を探すことも可能です。**レインズへの登録は7営業日以内、業務報告は2週間に1回以上義務づけられています。

③一般媒介契約は、複数の会社に依頼して任せる契約です。自分で買い手を探すことも可能です。ただし不動産会社にはレインズへの登録や業務報告が義務づけられていません。

一般的に、②専任媒介契約を結ばれる人が多いです。

「囲い込み」を避ける観点からすると、③一般媒介契約がよさそうに思えますが、実はあまりメリットはありません。実際には**売主側が期待するような契約不動産会社間での競り合いなどは発生しないからです。**

一般媒介契約にするべきでない理由とは？

③一般媒介契約で5つの不動産会社と契約を結んだとします。

このとき、不動産会社の立場からすると、売主側の報酬発生の確率は5分の1です。そうすると、**担当者のなかでの優先順位が後回しになってしまう可能性があるのです。**この傾向は都内の大手不動産会社ほど顕著になります。

山手線沿線の大手企業ですと、営業スタッフ一人当たり5〜10件ほど担当しているのが一般的です。そのなかに③の一般媒介契約が入ってきても、力を入れるだけの余力はほとんどありません。頑張って広告を打ったり、物件の写真をきれいに撮ったりといった手間のかかる作業は、後回しになってしまうのです。また、レインズに掲載している一般媒介の物件は窓口が複数になります。リアルタイムの販売状況を確認することができず、買主側に紹介する物件としては一般の不動産会社のなかの優先順位は下がる傾向があります。

これらは営業担当者の個人の考え方の問題ではなく、不動産会社の方針として取り入れている企業が多いようです。

以上から**③一般媒介契約はおすすめできません。**「囲い込み」をしない不動産会社で②専任媒介契約を結ぶことをおすすめします。

自宅を販売するために必要な書類の準備をする

ご自宅を販売するにはいくつかの書類を準備する必要があります。代表的な3つの書類について説明します。

① 管理に係る重要事項調査報告書

マンションの管理会社が作成した書類です。「重調」と呼ばれることがあります。不動産業法により、宅地建物取引士の資格を取得した担当者がこの書類の記載内容を買主側に説明する義務を負っています。

重調には毎月の修繕積立金や管理費、駐車場の空き状況、修繕積立金の総額、ペット飼育の可否、管理人の勤務状況等の最新情報や、管理規約の大事な部分を抜粋した内容が記載されています。通常は依頼した不動産会社が取得します。

②長期修繕計画書

25～30年単位で大規模修繕（メンテナンス工事）をいつ、どのくらいの規模で実施するのかを記載した書類です。修繕積立金をいつまでに、いくら貯めるべきなのかといった計画が記載されています。

たまに、この書類がないマンションも存在します。そうした場合、「資産性がない」と判断されるため、銀行が担保の評価を出さないことがあります。重調のように「長計」と略して呼ぶこともあります。こちらも依頼した不動産会社が取得します。

③物件状況報告書

売却する物件の売主が現在知っている状態を説明する書類です。雨漏りや給・排水管の老朽化といった、不動産を内覧しただけでは知りえない情報を書き記します。あとで「契約不適合責任（瑕《か》疵《し》担《たん》保《ぽ》責《せき》任《にん》）」を問われるトラブルを予防できます。

設備表は各設備や故障の有無を記載する書類です。

その他にも準備しておくべき書類

前項で解説した3つの書類以外にも、必要となる書類は他にもあります。これらをしっかりと準備することで、スムーズに販売を始められるようになります。

・不動産購入時の書類一式

不動産売買契約書、図面や設備の仕様書など、売却する不動産を購入されたときに取得した書類一式です。取得時期や不動産会社にもよりますが、取得時の書類は「契約書ファイル」などと印字された厚手のファイルにまとめられていることが多くあります。

また、購入時の各種領収書は売却時の減税にも役立ちます。引き渡し時までにご用意しておくとよいでしょう。

・不動産購入時の関連書類

マンションなら分譲時のパンフレット、一戸建てなら設計図書、検査済証、建築確認申請書などの書類です。ただし、これらの書類は中古物件を購入された場合、当時の売主様より引き継がれていない可能性もあります。見つからなければ、その旨を不動産会社に伝えましょう。

・不動産の価値を証明する書類

比較的新しい物件であれば住宅性能評価書や検査報告書、耐震基準適合証明書など、不動産のスペックを評価する書類があるかもしれません。これらの書類は物件の付加価値となり、売却金額を交渉するうえで有利な材料となります。

・固定資産税・都市計画税がわかる書類

毎年5月頃、固定資産税・都市計画税の納付書が送付されているはずです。直近の書類をご用意ください。すでに支払い済みでお手元にない場合には固定資産税・都市計画税の評価証明書で代用できます。ご自身でも取得できますが、通常は不動産会社へ委任状を発行し、取得してもらいます。

第 2 章

家を高く売るための売却テクニック

ステップ5　売却活動

査定額をもとに販売価格を決める

第1章では家を売るための調査や見積もり、不動産会社の選び方までを解説しました。**本章では第1章で準備したことをもとに、実際に物件を売却するステージへと移ります。**販売価格を決めたり、購入希望者の内覧に対応したりするなど、家を高く売るためには最も重要な段階です。基本的な知識を中心にしっかりと押さえていきましょう。

まずはステップ5の売却活動です。

自宅を売りに出すときは、価格を決めなければいけません。

47ページで不動産会社による訪問査定の査定額についてお話ししました。**この査定額と売主の希望価格を擂り合わせて、納得の価格に落とし込んでいきます。**

不動産会社による査定額は「1〜3カ月程度で売却できる金額」で、過去の実績から算出されています。もし販売期間が長期化すれば、途中で価格を変更することも可能です。

ただ、都心に限っていえば特別なことをしなくても売れることがほとんどです。不動産相場から大きく外れなければ、一都三県の物件は売れます。

もちろんそれは「囲い込み」をしていない会社が仲介していることが大前提です。「囲い込み」さえなければ、相場の物件はほぼ3カ月以内に売れるというわけです。

販売価格は値段交渉を前提に少し高めに設定する

物件の購入希望者が現れたら、こちらの言い値で購入してもらえるのが理想的でしょう。実際は、中古物件の取引では8〜9割の確率で値段交渉が発生します。ですから、**先方からの値下げ要求を念頭におき、少し高めの販売価格を設定しておくのがポイントです。**

また、同じマンション内で競合する物件が売り出されているときは考慮する必要があります。同じマンション内に複数の売り物件があれば、必ず比較対象になるからです。角部屋かどうか、何階にあるのか、リフォーム履歴はあるのか、など総合的に家の条件を見て、ご自身の物件のほうが優れていると判断すれば、無理に安くする必要はありませんが、**家の条件がほとんど同じであれば、価格の安いほうが選ばれます。**

なお、同じマンションでありながら、相手が半年経っても売れずにいるという状況でしたら、そこを加味して価格設定するのも賢い戦略でしょう。

居住物件と空室、有利なのはどちらか

物件の販売を始めるために、不動産会社は家の外観や室内を撮影し、図面を作成します。

不動産の売買では第1印象が大切です。写真の見映えをよくするため、外観の撮影では天気のよい日を選ぶことが基本です。そうして撮影された写真などの不動産情報はレインズや不動産情報サイトに掲載され、販売宣伝活動が始まります。

販売についてお客様から、「売主が居住中の物件と空室の物件とでは、成約率に差が出るのでしょうか」という質問を受けることがあります。

この**質問の答えは「どちらともいえない」です。**

空室だと部屋が広く感じられるため、売りやすいときはあります。

一方で、「家具が置いてないと家具を配置したときのイメージを持ちづらい」と言う買主もいらっしゃいます。また、居住物件の利点として、売主様に住み心地を尋ねられるという点が挙げられます。

「え？　売主様がいるんですか」と驚く人が多いのですが、市場に出ている中古マンションの7～8割は売主が居住中です。内覧時に、ご近所の環境やスーパーなどの買い物事情、学校や近隣住民のコミュニティの話を聞けるメリットがあります。

逆に売主がいると、内覧の場で落ち着けない人もいらっしゃいます。「いま使っていると思うと、収納スペースを見せてもらいづらい」という意見があります。

つまり、居住中と空室の物件は一長一短ということです。あまり深く考え過ぎずに決めてしまってもいいのかもしれません。

成約率を高めるために内覧前にするべきこと

市場に出ている中古マンションの7～8割は売主側が居住中だと述べました。居住中の内覧は生活感が出やすくなり、それが購入希望者の物件に対する印象にも影響してきます。そのため、内覧時はきれいな状態で家をお見せしたほうが成約に結びつきやすくなるでしょう。

内覧前の室内の片付けは売主の性格がよく表れます。**生活感が出ないように、キッチン周り、テーブルの上などをきれいに片づける。室内の換気をしたり、すべての部屋の電気をつけたりするとよい印象を与えられることができます。**

事前の準備では、窓ガラスや網戸、壁、天井などをクリーニングするだけでも、室内が明るい印象になります。クローゼットや押し入れの収納スペースは多くの人が気にするポイントです。内覧者に見せられるように整理しておきましょう。他にも床や壁紙の傷、ふすまの破れなど、特に目立つ個所は補修しておくのが望ましいです。

内覧者は部屋をチェックするだけではありません。**住むことをイメージしながら、敷地のなかはもちろん、物件のエントランスや共用部分などもしっかり確認します。**エントランス付近に自転車が乱雑に駐められていたり、共有部分に荷物が置かれていたりする物件は印象が悪くなりがちです。照明の電球が切れているのもマイナス評価です。気づいたら、物件の管理人にお願いして対処してもらいましょう。

一般的には、売主側の担当者が内覧者を案内しながら、部屋のなかを見せたり、質問に答えたりしてくれます。売主は少し離れたところで立ち会う形になりますが、話を振られたら答えられるようにしてください。

答えづらい質問や契約内容に関わる質問をされることもあります。即答しづらい場合は、担当者にお任せして対応しましょう。

内覧はどのくらいの頻度で対応する？

「成約が決まるまでの内覧の回数は何回くらいですか？」という質問を受けることがあります。

価格帯によって傾向が異なるので一概には答えられませんが、ひとつの傾向として2LDK、3LDKのファミリー層のマンションについてお話しましょう。

相場通りの価格で売り出していれば、毎週1～3組ほど内覧希望者がいらっしゃいます。そのなかには2回内覧される人もいます。1回目は奥様と子供たちだけで見に来て、2回目はご主人と一緒に来られるといった流れです。

毎週1～3組ですから、内覧希望に合わせて毎週外出を控えて、予定を空けておかなければいけないことになります。売却が決まるまでは内覧希望者の予定になるべく合わせていただく必要がでるため大変かもしれません。その場合には、内覧会の日程を事前に決めておき、日程を短くするなどの工夫もできます。

不動産会社の担当者のスキルは買い手への印象やトラブル防止に影響する

内覧では不動産会社の担当者が物件の魅力を伝えてくれます。

内覧者からの専門的な質問に対しても、きちんと答えてくれることでしょう。

意外に思われるかもしれませんが、**売主側としては「物件のデメリットを内覧者にきちんと伝えてくれるか」という部分も確認しておきましょう。**

一般に、売主はデメリットを隠したがる傾向があります。成約したいという気持ちから生まれる行為ですが、これは思わぬトラブルの元になるかもしれません。

たとえば、共用部分の配管に老朽化の影響で目詰まりの発生歴があったとします。こうした履歴は重要事項説明書に記載する必要があるため、契約の段階になれば買主側に伝わります。内覧のときに説明がなかったため、買主が気分を害して成約が直前になって流れてしまう……。このような話は実際にありえます。

では、物件のデメリットはどのように伝えればいいのでしょうか。

内覧のときに「この件は管理会社もしっかり把握していて○月○日に修繕工事を実施しました。ですから今は問題ありません」と担当者から早めに伝えておけば、買主からの心証がよい状態で検討してもらえます。

よい点も悪い点も不動産会社の担当者がしっかりと把握しているのは、大事なポイントです。 ひどい営業担当者では、マンションの調査をしっかりしていないケースもあります。そうなると、物件のアピールポイントもデメリットも把握できないため、成約する確率も下がることでしょう。

担当者の知識不足はトラブルの元にも

次のような事例があります。

あるマンションにはトランクルームがありました。売主側はそこを使ったことがなかったのですが、売主には専用使用権があるものと思っていました。不動産会社の営業担当者は、その話を鵜呑みにして確認しないまま買主側と成約へ。しかし、**買主が荷物をトランクルームへ運び込もうとしたところ、その部屋にはトランクルームの使用権がなかったことが発覚したのです。**

担当者の能力の差は大きな問題へとつながる可能性があります。

もし、いつまで経っても物件が売れなかったり、営業担当の知識や経験がなさ過ぎたり、メールを入れても返信がなかったりといった場合には、不動産会社に連絡して、遠慮なく営業担当者を変更してもらいましょう。

コラム 売却時にリフォームは必要か？

「家を売却するのにあたって、リフォームは必要なのでしょうか？」

このような質問を受けることがあります。

原則はリフォームする必要はありません。現状のまま売りに出しましょう。

中古マンションの場合、ご自分でリフォームしたいと考える買主が多くいます。**新居を買うのであれば、安く買ってリフォームしたいという希望があるのです。**

不動産の売却では「インスペクション（住宅診断）」という制度があります。費用は5〜20万円程度です。**インスペクションでは、まだ使えるけれど調子のよくない設備を見つけられることができます。**2018年4月の法改正により、不動産会社に対して売主側、買主側双方へのインスペクションの説明が義務化されたことで、かなりポピュラーな存在になりました。

当然、調子のよくない設備は修理しておいたほうが売りやすくなります。また、水回りのインフラ関係で問題があれば、売主側で手を入れたほうがよいでしょう。

ステップ6　内覧対応

購入希望者から購入申込書が届く

内覧が一通り終わると、不動産会社の担当者から連絡が入り、**内覧者のなかから購入申込書が提出されることでしょう**（買付申込書や買付証明書とも呼ばれます）。

この段階では売却が決まったわけではありません。ここから購入希望者との交渉が始まります。購入申込書には決まった書式はありませんが、次の内容が書き記されています。

- **対象物件**
- **購入希望金額**
- **手付金の金額**
- **購入者の個人情報**

- **ローン利用の有無と借入予定金額**
- **融資特約**
- **売買契約締結希望日**
- **引き渡し希望日**
- **その他の条件**

なお**購入申込書は購入の意思表示をする書類でしかありませんので、法的効力は発生しません。**つまり、買主側がこの段階でキャンセルしてもペナルティ等は発生しません。

購入申込書で確認すべきこと

購入申込書に目を通す際は、以下の点に注意を払って下さい。

- **購入希望金額**

売り出し価格よりも低い数字が書かれている場合は、価格交渉をすることになります。通常は口頭で話し合い、場合によっては書面を書き変えて再提出します。

・手付金の金額

手付金は物件価格の5～10％が目安とされています。物件の価格にもよりますが、最低でも100万円以上を提示するのが普通です。契約締結時に支払われた手付金は売買代金に充当します。

・ローン利用の有無と借入予定金額

ほとんどの場合、買主側は住宅ローンを利用することでしょう。借入予定額の欄には、ローンの仮審査で提示された金額と融資元の銀行名が記入されています。ただ、この時点ではまだ本審査は行われていないのが一般的で、買主がローン利用できると確定しているわけではありません。

・売買契約締結希望日

購入申し込み日の3日後から1週間後に設定するケースが多いです。交渉が成立してから再調整するのが一般的です。

・引き渡し希望日

価格交渉と並んで交渉が難しい部分です。売主側が売り先行で住み替えを考えているときには、引き渡し日までの期間が問題となります。

・その他の条件

照明器具やエアコン、家具の残置などといった諸条件について書かれています。戸建てでは、「建物を解体した後に引き渡しを希望」とか「自宅の売却が成立しなかった場合の特約」などという条件がつくことがあります。

売渡承諾書を送付して購入希望者と交渉する

売買契約日まで期間が空く場合には、購入申込書を受け取ったら、売渡承諾書を送付するケースがあります。

売渡承諾書とは、売主側が「この人物（買主様）と優先的に交渉している」ということを客観的に明示する目的で発行される書類です。

売渡承諾書も購入申込書同様、法的な拘束力はなく、売買契約が成立することを約束するものではありません。あくまで「成約に至るよう前向きに努力します」という意思表示です。交渉を円滑に行うための〝潤滑油〟とイメージしていただけるとわかりやすいでしょう。売主側からキャンセルも可能です（ただし、望ましいことではありません）。

売渡承諾書の内容は担当者と話し合って決める

売渡承諾書には次のような項目を記載します。

- **売主と買主、それぞれの住所、氏名**
- **売渡承諾書の発効日と有効期間**
- **買主に売り渡すという意思表示**
- **対象物件とその詳細（所在地、床面積、構造など）**
- **販売予定額**
- **引き渡し予定日**
- **双方の捺印**

各項目に関して本書では詳しく述べません。営業担当者とじっくり話し合いながら決めてください。金額、引き渡し期日、諸条件を加味して決めることが大切です。

ステップ7　売買契約～ステップ9　確定申告

不動産の売却では4つの書類を必ず用意する

無事売却先が決まると、実務的な手続きへと移ります。
不動産の売却で契約前に必ず確認しておきたい書類は、次の4つです。

①登記済権利書（登記識別情報）

不動産の所有権を証明する書類です。最近では「登記識別情報」という名称に変わっています。

②住宅ローンの償還表

不動産の売却に際しては、住宅ローンの残債を確認する必要があります。ローンの償還表をご用意ください。繰り上げ返済などをしている場合には、直近の残債を金融機関に確認しておきましょう。

③浄化槽設備の維持管理費がわかる書類（一戸建ての場合）

公共下水道が整備されていない地域では、浄化槽の維持管理費用がかかっている一戸建てが少なくありません。また私道がある場合にはインフラ整備にコストがかかっています。費用がわかる書類を用意します。

④売主に関する書類

売主の身分証明書、実印、直近3カ月以内の印鑑証明書、直近3カ月以内の住民票といった書類が必要となります。

以上が売買契約で必要となる書類です。準備に時間がかかる書類もありますので、早めに取りかかることで準備漏れなどのミスを防止できるはずです。

もちろん、不動産会社の担当者が適宜フォローしてくれますので、不明点や疑問点があれば積極的に頼りましょう。

不動産売買契約書を買主側と締結する

買主側との交渉が成立して、**事前に用意すべき書類も準備したら、不動産売買契約を締結することになります。**一般に不動産売買契約の締結は交渉がまとまって、1週間以内に行うことが多いです。

先延ばしすると、買主側が心変わりするかもしれませんので、早めに契約書を作成してもらいましょう。不動産売買契約書で、確認すべき項目は次の通りです。

不動産売買契約書では9つの点をチェック

①売買物件の表示

専有面積など数字に注意しながら確認してください。

②売買代金、手付金等の額、支払日

売買予定の物件の売買代金、手付金額、決済日などが記されています。ここでも数字を重点的に確認します。

③所有権の移転と引き渡し時期

物件の引き渡しをする決済日は、売買契約の1～3カ月後に設定することが多いです。とはいえ、売り先行では半年～1年後に設定する売主もいます。

④公租公課《こうそこうか》の精算

不動産売買の当事者間で、固定資産税、都市計画税、マンションの管理費、修繕積立金といった公租公課を、決済日を基準に日割りで精算します。

⑤ローン特約

買主がローン特約を利用する場合に設定します。

⑥付帯設備等の引き渡し

引き渡し後にトラブルとならないよう、設備表を作成して引き継ぐ付帯設備と撤去する付帯設備を買主側に知らせておきます。

⑦手付解除期日

売買契約が契約後に解除となることもありえます。その場合に備えて手付解除の条項が記されています。手付解除期日前であれば、買主側は手付金全額、売主側は手付金を全額返金し同額を支払うことでお互いに契約を解除できます。手付金の額ですが、売却額の5～10％に設定するのが一般的です。

⑧契約違反（債務不履行）による解除

買主側あるいは売主側が契約違反（債務不履行）を侵した場合を想定した、契約解除の取り決めです。違約金を売却額の10～20％以下に設定するのが一般的です。

⑨契約不適合責任（瑕疵担保責任）

2020年4月の民法改正で、以前は瑕疵担保責任と呼ばれていた概念は、「契約不適合責任」へと名称が変わりました。売却された物件にあとから瑕疵・欠陥などが見つかった場合、売主側が修補責任を負います。これを「契約不適合責任」と呼びます。引き渡し完了日から3カ月以内に修補請求ができる権利が定められています。

なお、売主側が個人の場合は契約不適合責任を負わないという取り決めも可能ですが、売却を進めるうえで不利になります。担当者とよく相談して決めてください。

ここまで不動産売買契約書を締結するうえで、確認すべき項目を見てきました。売買契約の当日には、重要事項説明書や売買契約書の説明、読み合わせ、記名押印、手付金の支払いが行われます。

その後、［ステップ8］決済に進み、買主の住宅ローン本審査が行われ、無事審査を通過すれば決済と引き渡しを行います。買主が支払いを済ませ、売主側が物件を引き渡せば、物件売買に関する手続きは完了となります。

最後に［ステップ9］確定申告では、譲渡の日（引き渡しの日）の翌年の2月16日から3月15日までに税務署へ申告手続きをします。譲渡所得についての内容は第5章で詳しくご説明します。

不動産売却では どのくらいの手数料がかかる？

不動産の売却の一連の流れを見てきました。不動産売却では多額の金銭のやり取りをします。そのため、**不動産の売却にかかる諸費用も決して少なくありません。**

どれくらいの諸費用がかかるのかチェックしてみましょう（図2－1参照）。

・仲介手数料

不動産会社に支払う報酬です。一般に法的上限額である「売却金額の3％＋6万円（税別）」となっています。7000万円の物件であれば、約237万円（税込）が通常の仲介手数料となります。ただし、弊社の売却サービスである「ゼロチュー売却」では無料または半額です。

「ゼロチュー売却」では、弊社を通して買主様と契約すると、仲介手数料が発生せ

図2-1　不動産の売却にかかる手数料

仲介手数料（一般的な不動産会社） 売却額×3%＋6万円（税別）
印紙代 1万～6万円　＊電子契約書の場合は不要
抵当権抹消登記費用 2万～3万円程度
住宅ローン完済手数料 1万～5万円程度

ずに無料となります。レインズを通して他の仲介会社にて買主と契約した場合には半額になるという仕組みです。

・印紙代

従来は不動産の売買契約書の作成には印紙が必要不可欠でした。しかし2022年5月18日「宅地建物取引業法施行令及び高齢者の居住の安定確保に関する法律施行令の一部を改正する政令」が施行されたこと、ならびに2021年に「デジタル社会の形成を図るための関係法律の整備に関する法律」が施行されたことに伴い、不動産取引に必要な書類のデジタル化が実現しました。売買契約書など

図2-2　印紙代の一覧表

契約金額	本則税率	軽減税率
50万円以下	400円	200円
100万円以下	1000円	500円
500万円以下	2000円	1000円
1000万円以下	1万円	5000円
5000万円以下	2万円	1万円
1億円以下	6万円	3万円
5億円以下	10万円	6万円
10億円以下	20万円	16万円
50億円以下	40万円	32万円
50億円超	60万円	48万円

を電子書類の形で作成するときに限り、印紙が不要となりました。なお従来通り、紙で契約書を作成する場合は図2－2の金額の印紙が必要です。

・抵当権抹消登記費用

抵当とは、住宅ローンの担保として土地や建物を設定した状態です。抵当権は登録にも抹消にも費用がかかります。ローンを完済すれば抹消することができますが、自動的に消えてくれるわけではありません。融資を受けていた銀行から必要書類を受け取り、法務局の管轄部署で抵当権抹消登記を行う必要があります。

司法書士にお願いした場合、2万～3

万円かかります。

・住宅ローンの完済手数料

金融機関によっては繰り上げ返済に手数料が必要な場合があります。手数料が無料のネット銀行もあります。

ここまでは必要となる費用について説明してきました。一方で、場合によっては必要になる費用も次の通りいくつかあります。

・インスペクション費用

「インスペクション」とは、住宅診断のことです。インスペクションは不動産売却で必ず行わなければならないものではありません。しかし２０１８年4月の法改正により、インスペクションの説明が義務化されたことで、インスペクションの実施件数は増加傾向にあります。売却前に実施いただくことで、安心な物件というイメージを付加できます。費用は5万～20万円程度です。

・測量費

一戸建てや土地のなかには、隣地との境界線が曖昧なケースがあります。法的には境界が曖昧であっても売買は可能ですが、将来的にトラブルの原因となりえるため注意が必要です。ちなみに、法的に境界線を明確にすることを「境界確定」といいます。土地の大きさによって売買金額が大きく異なるようなエリアでは、買主側から「境界確定」を求められることがよくあります。

「境界確定」には数カ月の期間を要して費用も高額になるため、まずは「境界確定」しているかどうかを確認しましょう。なお、古くから所有されている土地で確定測量図がなければ、境界が確定していない可能性があります。

・修繕費

不動産は、劣化や損傷があってもそのまま売却できます。しかし、経年劣化以上の汚れや損傷がある場合には、修繕してから売却したほうがよい場合もあります。状況によっては修繕費がかかる可能性があると認識しておくとよいでしょう。

図2-3　譲渡所得税の課税率（復興特別所得税含む）

所有期間5年以下の場合
・所得税率：30.63%
・住民税率：9%
合計39.63%

所有期間5年超の場合
・所得税率：15.315%
・住民税率：5%
合計20.315%

・譲渡所得税

不動産売却によって得た利益を「譲渡所得」と呼びます。「譲渡所得」には、住民税や所得税、復興特別所得税が課税されます。簡単にいえば、不動産を売却したことによって得た利益に税金がかかるということです。これらの税金を総称して、「譲渡所得税」と呼ばれ、その課税率は図２−３の通りです。

ちなみに、マイホームの売却では「３０００万円の特別控除」をはじめとする複数の控除制度が存在します。よほどの売却益が出ない限り、課税はされないと考えていただいて問題ありません。

不動産会社によって費用の違いはある？

税金や、銀行の費用は不動産会社の違いで大きく変動することはありません。

一方で、**仲介手数料は不動産会社によって大きく変わる可能性があります。**高額物件になればなるほど、手数料の差が開いていきます。たとえば、**弊社のような無料または半額の仲介手数料に抑えている会社と上限の3％に設定している会社では大きな差が生まれます。**

ここまでに述べた項目以外で不動産会社に支払う費用はありません。なかには「事務契約手数料」、「契約書作成費用」などの項目を作って10万～20万円もの費用を請求する会社があります。こうした請求には注意が必要です。

第3章

物件タイプ別に見る
売れる家、売れない家

東京都の不動産は4つのエリアに分けられる

第2章までは主に標準的なマンションの売却を想定しながら、売却の流れをご説明しました。相場の調査から不動産の売却まで何をすればいいのかを大まかに把握できたことでしょう。

ただ、**家の売却といっても、都心や郊外、築浅や築古、マンションや一戸建てなど条件によって理想的な売却方法は変わってきます。**そこで本章では、それぞれの物件の条件ではどのように売っていけばいいのか、どのようなことに気をつけるべきなのかを解説していきます。

東京都では不動産価格と賃貸価格にはギャップがある

まず、東京都にある不動産の特徴についてお伝えします。

東京都では不動産価格と賃貸価格にはギャップがあります。この場合、不動産価格とはマンションや一戸建ての販売価格、賃貸価格とはマンションや一戸建ての家賃価格ととらえて問題ありません。

このふたつには明らかなズレが見られます。

不動産価格には「西高東低」の傾向があります。比較的、西側が高くて東側が低い傾向にあるのです。一方で、**賃貸価格は「東京駅一帯を中心」に価格は高く設定されています。**つまり、東京駅一帯に近ければ家賃は高くなり、遠ければ安くなるという傾向があります。

このふたつの異なる基準を重ねたとき、東京の市街地は次の４つのエリアに分けて考えられます。

エリア① 売却価格：高／賃貸価格：高

港区（表参道周辺、青山、赤坂、麻布）、千代田区（番町）、中央区（銀座）、渋谷区（神宮前、代官山、広尾、恵比寿）界隈の人気エリアが該当します。都内のなかでも都心に近く、地盤も安定しているなど購入者が希望する条件が揃っているといえます。

ただしこのエリアのタワーマンションのなかには不動産価格に対して、家賃相場が安い物件も見られます。こうした物件では賃貸に出すより、積極的に売却したほうが経済的な効率が高いといえます。

エリア② 売却価格：高／賃貸価格：安

世田谷区、杉並区、武蔵野市の一部などが該当します。有名な高級住宅地も含まれており、売却すると高額な値がつきます。しかし、意外なことに賃貸では安値のエリアになります。その理由は都心から離れているためです。このエリアでは、賃貸に出すよりも、積極的に売却したほうが経済的な効率が高いでしょう。

エリア③ 売却価格：安／賃貸価格：高

山手線の北側部分や湾岸エリアが該当します。
利便性の高さや街の賑わいから賃料は高く設定されています。近年顕著な首都圏への人口流入により、このエリアのマンション価格は上昇傾向にあるものの、埋め立て地であることや住みやすいイメージを持たれていないことなどから売却相場は安めになっています。売るよりも賃貸に出したほうがよい物件がしばしば見られます。

エリア④ 売却価格：安／賃貸価格：安

東京都東部に広がる伝統的な下町エリアや郊外は、売却しても賃貸に出しても相対的に安価となります。

このように、東京の市街地は4つのエリアに分けて考えられます。それぞれの土地の特徴を見極めたうえで売却方法を考えていきましょう。

郊外のマンションは早めに売るべき

読者のなかには郊外のマンションを売却して都心のマンションに移りたいと考えている方もいらっしゃるでしょう。
自宅を高値で売却することに成功しても、都心部の相場はかなり高めです。売却益だけでは足が出る可能性が高いです。では、郊外から都心への住み替えはすべきではないのでしょうか。

答えは「ノー」です。

売却できるのであれば、売却してしまったほうが正解だと私は考えます。なぜなら今後郊外の物件は、人口減少とともに売れづらくなるからです。そのうえで、住み替えの物件は都心エリアを選ぶほうが賢明でしょう。専有面積は小さくても構いません。よく探せば必ずよい条件の出物が見つかるはずです。

都心のマンションなら築30年以上でも売却できる

不動産では「減価償却するので築30年のマンションに価値はない。しかし一戸建ては上物に価値がなくなっても土地の価値が残るので資産価値が高い」という考え方があります。これは正しいのでしょうか？

答えは「ノー」です。

都心のマンションであれば、築30年でも相応の価格で売却できます。

たとえば、1983年2月に完成した渋谷区の広尾ガーデンヒルズは本書執筆の2022年時点では築39年ですが、価格が下がっていません。それどころか渋谷区の中古マンションでは、新築分譲時の価格を上回るケースも少なくありません。特に大手デベロッパーが開発した物件には、こうした傾向があります。

東京23区全体の平均坪単価は約４００万円です。築30年オーバーで60平米くらいのマンションでも、適切な価格で売買されています。

現在首都圏で取引されているマンションの4件に1件は築30年以上です。マンションは築20年目くらいまでは資産価値が一般的に落ちていきますが、**20年を超えると、下げ止まって安定します。銀行も担保として評価してくれるため、資産として通用します。**これは東京の不動産売却の特徴のひとつといえるかもしれません。

中古マンションの魅力はリノベーションにあり

中古マンションには新築マンションにない魅力もあります。それはリノベーションでの間取り変更が可能な点です。

新築マンションでは一般的に間取りが決まっています。造り替えることはできませんから、買主側が物件の間取りに合わせた生活スタイルを考える必要が出てきます。

ですが、築20年ほど経つと、劣化した設備を交換しなければいけない場合があります。そのタイミングに合わせてリフォーム&購入すれば、キッチンや浴室の位置など間取りの変更も可能になります。**新築同様の設備に生まれ変わるだけでなく、自分たちのライフスタイルに合わせた魅力的な住まいができるのです。**

実際、新築物件よりもリフォーム前提で中古物件を探している買主もたくさんいらっしゃいます。

これは売主から考えれば、必ずしもリフォームする必要はないということがおわかりいただけるでしょう（汚い水回り&キッチンは値引きの原因になるため注意が必要です）。

かつては中古マンションの購入&リフォームは別々にローンを組まなければなりませんでした。しかし現在は同一契約・同一金利で融資してくれる銀行も出てきています。

中古物件の需要がアップ 築40年以上のマンションを売るコツ

築30年前後のマンションの価値について述べてきました。続いて、築40年以上のマンションについては売却できるかどう解説していきます。

まず、建築物には構造に応じて法定耐用年数が決められています。

たとえば、鉄筋コンクリートの法定耐用年数は47年です。これは47年経ったら住めなくなるという意味ではありません。『建物の維持管理』（飯塚裕著、鹿島出版会）によれば、**鉄筋コンクリート造による建築物の物理的寿命は117年と推定されています。きちんとメンテナンスすれば耐用年数はいくらでも延ばせます。**

しかし、実際にはデザインが時代遅れになっていたり、金融機関に担保として評価されづらかったりするなど築40年以上の物件は売りやすいとはいえません。

さらに、築40年以上の物件は耐震性が低いことが問題です。

1981年6月から新耐震基準が適用されるようになりました。旧基準が震度5強に耐えられることを定めているのに比べ、新基準は震度6強～7程度でも倒壊しないように設定されています。つまり、築40年越えの物件は、近年発生が心配されている首都直下型地震に対して不安が残ります（旧基準であっても震度7に耐えられる物件は存在します）。

では、築40年越えの物件は市場から需要がないのでしょうか。

全国的に見ると、主要都道府県における築40年のマンション相場は約1500万円です。これを**東京都に限ってみれば約3000万円になります。つまり、相対的にまだ需要はあり、物件の取引が成立する状況だといえます。**

アベノミクス効果や東京オリンピックの余波、コロナ禍による在庫不足を受けてから、新築マンションの価格は高騰して手を出しにくくなっています。それを受けて中古マンションの需要は高まっています。これまで顕著だった日本人の新築需要が薄れて、中古マンションのよさが見直されているいまこそ、中古マンションは売り時だといえます。そしてそれは築40年以上の物件でも変わりません。

築40年以上のマンションを売るときの注意

築40年以上の中古マンションを売る場合、いくつか知っておきたい知識があります。次の3点に気をつけてください。

まず、**1点目は不動産会社選びです。**

不動産会社にはそれぞれの得意分野があります。分譲、売買、賃貸、買取り、企画開発などそれぞれの会社がどの分野に強いのかを把握しておきましょう。そのうえで、築古の中古マンションの売却に長《た》けた会社に依頼してください。不動産会社が得意とするエリアをチェックしておく必要もあります。不動産会社の知名度だけで決めることなく、複数の不動産会社に査定を依頼して検討を始めましょう。

2点目は契約不適合責任についてです。

古い物件は売却後も気が抜けません。契約書の記述内容と違う部分が見つかれば、売主側には補修する義務が生じます。こういった契約不適合責任を負わされるリスクを避けるため、事前にインスペクションで物件を診断しておきましょう。不具合や欠陥はあらかじめ買主側に伝えておく必要があります。売買契約に契約不適合責任免責の特約を入れることで、補修義務をなくすこともできます。

3点目はリフォームの実施についてです。

先述したように、自分のライフスタイルに合わせた自由な間取りを目的に、あえてリフォーム前提で中古マンションを購入される買主がいらっしゃいます。こうしたケースではリフォームをしていないほうが喜ばれます。そもそもリフォームしても必ず売れる保証はありません。リフォームを実施するかどうかは慎重に決める必要があります。

一戸建ての売却では万全の対策でトラブルを予防する

日本人は新築が好きな傾向が強くあります。**一戸建ての場合、予算を超えても新築を選ぶ人も少なくありません。**

２０１９年10月に消費税が増税され、中古物件の市場は逆風を受けました。新築物件には消費税増税後も数年間の税制特例が適用されましたが、中古物件にはそれがなかったためです。

その後、新築物件の駆け込み需要は一段落。不動産はいよいよ冬の時代に突入するはずでした。ところが２０２０年2月、新型コロナウイルスの感染が拡大し、予測とは反対に不動産価格が上がり始めたのです。物件の売却件数の減少と巣ごもりによる需要の増加が原因でした。緊急事態宣言下で行われている各種政策や住宅ローンの金利の低さも不動産価格の上昇を後押ししました。

こうした背景があり、現在は家を売るのによいタイミングとなっています。

物件によって特徴が異なる一戸建ての売り方

ハウスメーカーが宅地に複数の一戸建てを建築し、まとめて販売する分譲一戸建てを除いて一戸建ては個別性が高い物件です。

マンションよりも評価が厳しくなり、価格には担当者の力量も反映されます。したがって買主側は物件を購入する際に不安を感じる傾向にあります。竣工時の設計図や構造計算書があれば、買主側の印象は大きく違ってくるはずです。定期点検の資料を用意しておきましょう。

ただ、このような対策をしても、引き渡し後にトラブルが発生することがあります。建物の不具合は引き渡し後に発見される場合がほとんどです。**引き渡し後に発覚すると「契約不適合責任（従来は「瑕疵担保責任」）」に問われます。**

引き渡し後に争点となるトラブルは、次のような点が多いです。

- **雨漏り**
- **配管の不具合**
- **シロアリによる害**
- **構造上の欠陥**

事前にインスペクションを依頼して問題がある設備が見つかったら修理しておきましょう。修正できなかった場合は販売時にしっかりと説明してもらうよう不動産会社に依頼しましょう。

測量図に必要な「境界標」とは？

一戸建ての査定をする際、測量図が必要になります。

マンションの場合は測量図がなくても商談を進められることがありますが、一戸建てでは必須になるケースがほとんどです。正確な査定には土地の正確な面積が必要になるからです。もし正確な査定が算出されなければ、銀行から住宅ローンを借りられないことがあります。

測量図の作成では、土地の境界となる「境界標（コンクリートや金属製の目印）」を利用します。長い年月を経て「境界標」が失われてしまい、土地の正確な範囲がわからなくなっていることがあります。そうなると、土地家屋調査士に依頼して「境界標」を復元する必要があります。

土地家屋調査士は公図、地積測量図、登記事項証明書、道路台帳を調べ、現地での実測も踏まえて復元点を導き出します。その際依頼者と隣接者の立ち会いのもとで「境界線」を確定し、全員が署名捺印した測量図をつくります。「境界標」も復元します。費用は10万円台からとなるのが一般的です。

一戸建ての売却では近隣との境界線論争はご法度とされています。敷地の境界が曖昧な場合は早めに確定しておきましょう。

また、**売却前に気をつけなければならない問題のひとつに隣家への越境がありま**

す。隣家への越境とは、植物の枝、雨どい、換気扇のフード、外構、壁、擁壁《ようへき》などが相手の敷地に入り込んでいる状態を指します。こういった物件は後でトラブルのもとになりかねないので、誰も買いたがりません。

事前に隣家と協議して、建て替えの際に該当越境を解消する旨、念書を交わしておくとよいでしょう。通常は依頼した不動産会社が手続きをサポートします。

私道の権利と配管問題への対応

一戸建てでは、敷地に面した道路が私道のケースがあります。**私道が売主の所有かどうかで査定額が大きく変わってきます。**

もし、私道が他人の名義だった場合、その私道を通ることができなくなるかもしれません。徒歩ならともかく、日常的な車の出入り、あるいは工事車両の駐車などができない場合、家の建て替えもできません。買い手は面倒やトラブルにつながりますので、こうした状況は解決しておくべきです。

可能であれば、私道を買い取りましょう。それが叶わなかったとしても、道路通

行や敷地利用権について権利者と書面締結しておきましょう。

水道管は地面に埋設されています。埋設場所が私道の地下だと、給水管の大きさが問題になります。水道管の本管から分岐した枝の部分を給水管と呼びます。

給水管の口径は、13㎜、20㎜、25㎜などと分かれています。**以前は13㎜の給水管が主流でしたが、新設する場合には20㎜以上が一般的です。**新築戸建ての給水管も20㎜が標準的な形です。

ところが**私道の下を走る私設管が13㎜管だと、20㎜に変えられません。**13㎜と20㎜では水圧が倍ほど異なりますから、最新のバスルームにリフォームしても水圧が弱くなってしまう可能性があります。

私設管を各戸が共有する形態は、世田谷区などで多く見られます。

なお、私道を掘り返す配管工事では、道路掘削の承諾書が必要となります。私道の関係者全員と連絡を取り、許可を得なければなりません。古い街区では連絡先が不明の所有者もいますし、すんなり承諾してくれない方もいるので注意が必要です。

道路のセットバックと地歴調査

建築基準法で、家屋の前の道路の幅は４m以上必要となっています。しかし、古い街並みだと、４mの幅が確保されていないケースがあります。現状の変更を求められることはありませんが、**家を建て直す際に４mの幅が確保できるように宅地の一部を道路として差し出さなければなりません。**これを「**セットバック**」と呼びます。道路側から見て、家が後退（セットバック）したように見えます。

セットバックを家主は拒否することができません。購入した段階では現状維持できたとしても、建て替え時には住宅用地が削られることになります。売りに出すのであれば、道路として提供される部分を正確に図説できるようにする必要があります。

一戸建てでは、過去にどんな物件が建っていたのか、どのように使われていたのか調べておくと信頼性が高まります。なかには過去にクリーニング工場や薬品工場、ガソリンスタンド、危険物の倉庫だったため、土壌が汚染されている場合もあるからです。

地歴調査はその名の通り、土地の履歴を調査し、汚染の可能性を評価することです。地盤の固さを推定することも可能となっています。

あとで土壌の汚染が発覚したり、地盤の弱さが明らかになったりすると大きなトラブルにつながります。解決のためには莫大なコストがかかるでしょう。地面は交換できるものではないので、事前の確認が重要です。

地歴調査を通じて、信頼性の高い土地だと証明できれば買主側の心理的ハードルを下げることにもつながります。これは管轄の行政庁にて調査ができます。

中古の物件でも高い需要が見込める条件とは？

そもそも、売却しやすい中古物件の条件とはなんでしょうか。

次のような項目のいくつかに当てはまれば、中古物件であっても値は下がりにくくなる傾向にあります。ご自分の物件がどの程度当てはまるか、項目をチェックしてみましょう。

□人気を集める街にある

街や地区の名前そのものがブランドになっている場合、資産価値が高まる傾向があります。同じ理由で人気の沿線も有利な条件です。鉄道の相互乗り入れや駅周辺の再開発で利便性が高まると、人気も高まる傾向にあります。

□駅が近い

駅から徒歩10分以内であれば、利便性は高いといえます。都内の山手線内側であれば、たいていのエリアは徒歩15分程度でどこかの駅にたどり着けます。

□大手デベロッパーが開発したマンション

三菱地所レジデンスの「パークハウス」、三井不動産レジデンシャルの「パークホームズ」、野村不動産の「プラウド」、東京建物の「ブリリア」など、大手デベロッパーのマンションには信頼性があります。耐震性や耐久性など施工の面でも不安を持たれる心配はありません。値崩れが発生しづらいでしょう。

□付近に有名大学やその付属校がある

日本はすでに高齢化社会に突入しています。学生街は若者が多く、街に活気や明るさがあります。たとえば、都内の文京区には独特の落ち着きが見られます。後楽園や湯島等の駅前を除き、パチンコ店やラブホテル、風俗店などの夜の店が営業できないので景観が保たれます。

ただし、都心の学校は、生徒の減少や校舎が移転する可能性もあります。それに伴って、資産価値が下がることもありえます。

□有名な公園や庭園が近くにある

特別史跡や特別名勝に指定されている大名庭園や都内では貴重な緑あふれる広大な公園など、庭園や公園が近くにある物件の希少価値は高いです。

とくに子育て世代からは需要があります。公園が近くにあるだけで、買い手の興味を大きく引けるでしょう。

□大名屋敷跡に建つ

江戸時代は、江戸城の近くまで入り江がありました。もともとは湿地帯も多く、その入り江や湿地を埋め立てて都内の開発は進められました。当然のことながら埋め立て地は水害や地震に弱いです。その反面、大名をはじめとした上級武士が住む地域は地盤が強固なエリアでした。このエリアは現在でも高級住宅地となっており、よい条件で物件を売却しやすいです。

□高台に建つ

高台となっている地域は縄文時代から続く陸地です。地盤が安定しており、水害にも地震にも強いため、災害大国である日本で暮らすうえで安心材料となります。

高台からの眺望が開けていれば、さらに買手にアピールできるでしょう。

□南向き

日本では日当たり良好な南向きの物件が好まれます。南向き、あるいは南西、南東など南側に向いた物件が売却に有利です。ただし、タワーマンションの場合は南からの日差しが強すぎるため、この限りではありません。

□角部屋

集合住宅に住むうえで、角部屋は大きな魅力です。騒音リスクが少ないことや他の部屋より窓が多く取れる点がメリットです。もし窓からの眺望がよければ、売却にはなお有利です。とくに東南・南西の角部屋は日照時間が長いため、希少価値があります。

□集合住宅の最上階

「上階を気にしなくてよい」「眺めがよい」「風通しがよい」など、集合住宅では最上階という条件も人気を集めます。夏は暑く、冬は寒くなるなど必ずしもよいことだけではありませんが、マイナス面を考慮したうえで需要があります。

□前面に遮るものがない

たとえば、公園や神社、大学などの開放的な空間が物件の前に広がっている場合、将来的に高層建築によって眺望が遮られる可能性が低くなります。また、物件が高層階で東京タワーや富士山、夏の花火大会などが見えれば訴求力が格段に向上します。一方で、物件の前面が幼稚園や児童公園の場合は、買手を選んでしまうかもしれません。児童の遊ぶ声や運動会の歓声などに不快感を覚える方が少なくないからです。

□人気の公立小学校の学区内の物件

教育熱心なご家庭のなかには、都内の名門公立小学校に通わせたいと希望するケースがあります。千代田区立番町小学校、港区立青南小学校、港区立白金小学校は「東京3大名門公立小学校」と呼ばれます。また、文京区には「3S1K」と称される誠之小学校・千駄木小学校・窪町小学校・昭和小学校があります。これらの学校に我が子を入学させるため、転入するご家庭は珍しくありません。結果として名門公立小学校がある学区内の物件は資産価値が高くなりがちです。

□最新設備を備える総合病院が複数ある

高齢化社会においては手術に対応できる専門性の高い外来医療や、緊急入院など一刻をあらそう重篤な症状にあたれる医師の存在が欠かせません。日常的な医療である一次医療（眼科、耳鼻科、歯科、内科、整形外科、皮膚科、小児科）についても、かかりつけ医がいたほうが安心できます。

また、子供が小さい頃は病気になりがちです。小児科、休日診療所、救急対応の病院が近くにあれば、若年夫婦にアピールできるでしょう。

□スポーツ施設や図書館から近い

公立の体育館、グラウンド、プール、ジム、テニスコートなどが近くにあると人気が高くなります。図書館が近いのも高所得・高学歴層へのアピールにつながります。

□深夜営業のスーパーマーケットが近くにある

都内に住む現役世代の共働きに訴求できます。普段使いの安いスーパーマーケットとお客様対応に適した高級スーパーマーケットの両方が揃っていると生活に幅が出ます。他にも、コンビニ、ドラッグストア、クリーニング店、さらに普段使いできるカフェや飲食店があると喜ばれます。

中古物件でも高い需要が見込める条件を見てきました。

これらの項目に多く該当していれば、強気の売却価格で売りに出しても成約する確率が高いといえるでしょう。

コラム　不利に思えても売れる物件

一見すると売却に不利な条件に思えても、成約できるケースは多くあります。意外に感じるかもしれませんが、次のような項目が当てはまる物件は決して不利にはなりません。

□坂や台地に建つ

坂の上のマンションだと売却面で不利になると思いがちです。

しかし、高台は地盤が盤石です。目黒、高輪、麻布台などといった皇居南西部の高台は、江戸時代の大名屋敷があった地域で縄文時代から続く陸地でした。

水害の面からも高台は安全です。こうした地域に住む方は、大きなセールスポイントになるはずです。

一方で、浸水ハザードマップのレッドゾーンに入っているような地域は売却面では不利に働きます。２０１９年に起きた武蔵小杉の浸水事故のあとは、半年～１年程度の間、その地域の価格が暴落していました。

国土交通省の「ハザードマップポータルサイト（https://disaportal.gsi.go.jp/）」というウェブサイトがあります。洪水（水害）のリスクを地図で表示してくれる機能がありますので、ご自宅のエリアを調べておくとよいでしょう。

□広すぎる敷地を備える

敷地が広すぎる家も需要面から考えると売りづらいと思われがちです。しかし、マンションを建てたいと考える事業者や相続税対策でアパートを建てたいと考える人もいます。また、住居用ではない別の用途で買い取ってもらえるかもしれません。買取専門の業者に話を持っていく前に売却に強い不動産会社に相談すれば、経験を積んだ担当者ならよいアイデアを出してくれるでしょう。

□既存不適格建築物

容積率等の法令が変わった結果、現行の法令では容積率オーバーになってしまった物件等を「既存不適格建築物」と呼びます。条例が変更される前は高いビルが建てられたのに、高さ制限が設定された結果、基準をオーバーしてしまったビルも「既存不適格建築物」です。

こうした物件は不可抗力で不適格になっていることから、住宅ローンの審査が通りやすくなります。売り出しても買い手を見つけやすいでしょう。

□事故物件

自殺、殺人など死者が出た不動産を「心理的瑕疵物件」または「事故物件」と呼びます。買手が現れず、値が下がりやすい印象があります。

しかし、建物に欠陥があるわけではありません。実際に物件で死者が出ても、不動産評価自体は下がりません。イメージが悪くなったので、売るために値を下げているだけです。

時間が経ったら売る、大幅に値引きする、戸建てなら更地にするなどさまざまな方法を取ることで売却できます。また、マンションの場合、問題の部屋以外の住戸は滞りなく売れます。

自然死や事故死、事件死のいずれの場合でも、死亡者が出た物件を売るときにはその旨を購入希望者に告知する義務があります。告知義務を怠ると、賠償請求を求められる怖れがあるので正直にお伝えしましょう。

中古の物件で需要が見込みづらい条件とは？

ここまで売却で有利となる条件を見てきました。

一方で、**売りづらい物件や価格が下がりやすい物件があります。**売りづらい物件とはどのようなものがあるのでしょうか。次のような項目が挙げられます。

□大手デベロッパーが開発した郊外型の大型マンション

最寄り駅から離れた郊外の土地で、大手デベロッパーが街ごと開発した物件は注意が必要です。もし数十年後に売却を考えた場合、マンション全体に高齢化の兆しが表れているかもしれません。そうなったら、必然的に周辺の商業施設や学校に魅力がなくなります。場合によっては病院の数も減っていることが考えられます。

周辺環境の利便性が低下していくのに比例して、マンションの価格も下落する怖れがあります。

なお、鉄道の操車場や駅近の工場跡地などを大手デベロッパーが再開発した大型マンションは、価格が下がりにくいことで知られています。人気エリアでは築年数が30年に達しても値崩れせず、場合によっては購入した時点の価格よりも高額な売値で成約できることもあります。

□小規模なマンション

部屋数が十数戸しかないような小規模なマンションは、修繕積立金や管理費が高額になりがちなので売れづらい傾向があります。大規模修繕の際、追加負担が発生することもあります。購入者の不安をどのように解消するのかが売却のポイントになるでしょう。数億円以上のハイクラスマンションはこの限りではありません。

□高額な管理費・修繕積立金が必要なマンション

内覧の際に修繕積立金の額や長期修繕計画について質問を受けることがあります。高額な管理費や修繕積立金を求められる物件は売却交渉で不利になります。管理費などが高い場合は買主が決まらない原因となります。

□自主管理のマンション

共用部を管理会社へ任せずに、住民たちが自ら管理する自主管理マンションがあります。これは、「区分所有法（建物の区分所有等に関する法律）」と呼ばれる法律に則って管理します。通常はプロに任せる消防設備点検やエレベーターの保守点検のほか、会計や修繕計画などのペーパーワークも住民の管理組合で実施します。

大規模マンションであれば、適切な人材が揃っている可能性がありますが、面倒なことを避けたいと考える買い手からは敬遠されるでしょう。自主管理マンションではトラブルが起きた際、責任の所在が問題になります。理事による使い込みや不正な紹介料の発生など、犯罪が起きるケースもゼロではありません。

一方で、自主管理物件のメリットもあります。古いマンションが採用することが多く、すでに自主管理の長い歴史を持っており、ノウハウも蓄積されていることがあります。そういった場合では、きめ細かな管理が期待でき、管理会社の担当者のレベルに左右されることもありません。

税理士、マンション管理士などを顧問として迎えることで質の高い管理を行っていれば、アピールポイントになります。

□しっかり管理されていないマンション

エントランスや廊下に煙草の吸い殻が落ちていたり、ポストの周辺にチラシが散乱していたり、ホコリを被った放置自転車が置いてあったりするなど、管理体制が不十分な物件に住みたいと思う人はいません。一方で、古いマンションであっても、清潔感があり、管理が行き届いたマンションであれば買手がつきやすくなります。

□空室率が高いマンション

空室率が高いと、売りに出しても不人気で買手がいないのではないかと敬遠されます。水道配管のトラブルが発生しやすくなり、防犯の面でも不安が生じます。また管理費・修繕積立金が不足し、必要なメンテナンスが行えなくなるリスクもあります。

□需要のない間取りのマンション

リフォーム物件では、スタジオタイプにリノベーションをした広々とした間取りがよく見られます。需要が高いのは、万人受けする個性のない物件です。そのため、成約まで時間がかかる可能性があり、値下げを必要とする場合もあるでしょう。

他にも、扉を開けたらすぐリビングの物件などは買手が決まりにくい傾向にあります。

□周辺の相場より明らかに高額な物件

坪単価の高いエリアのマンションは資産価値が下がりにくいといわれます。しかし、必ずしも坪単価が高いマンションは資産価値が下がりにくいわけではありません。

大手デベロッパーがエリアに対して不釣り合いに高級なマンションを分譲した場合、時間が経過すると周辺相場に引きずられて物件の価値が下がっていくことが珍しくないのです。

□不人気の駅が最寄りのマンション

駅前の商業施設が寂しい駅や乗降者数が寂しい駅など、最寄り駅が不人気の物件は売りやすいとはいえません。築年数が増えるにつれて、資産価値が目減りしていく可能性があります。買主側はマンションの状態のみならず、住環境や利便性、街の気風や住民の層といった点も考慮します。

□駅から遠く離れたマンション

不動産情報誌やチラシが宣伝主体だった時代であれば、駅から離れた物件でも目に留まることができました。しかし、現在はインターネット検索で住まい探しするのが普通です。検索の場合、「駅から徒歩5分以内」などと、細かく条件を指定しながら検索できます。その結果、徒歩15分を超える物件を見つけてもらうのが難しくなっています。今後も駅から遠い物件の販売はますます苦しくなることでしょう。

□線路や幹線道路、高速道路に面する

電車や車両の騒音、排気ガスが生活に影響を出すほどひどければ、買手はその物

件の評価を下げます。入口が大通りでも、バルコニー側が静かであれば希望は持てます。しかし、子育てに向いた環境とはいえないので、買手は限られるでしょう。

□嫌悪施設が近い

ゴミ焼却場、火葬場、墓地、ガスタンク、下水処理場、火薬類貯蔵所、工場、倉庫、高圧線鉄塔、刑務所、食肉処理施設、汚染された河川、ガソリンスタンドなど、住宅地の印象を悪化させる施設を「嫌悪施設」と呼びます。「気にならなければ、安いのでお買い得ですよ」と説明する担当者もいるようですが、現実としては売りづらい物件です。

□1階の部屋

防犯の観点から、1階の部屋を敬遠する人もいらっしゃいます。海抜ゼロメートル地帯など地盤の低い土地に建つ物件では浸水リスクもあります。

不動産ポータルサイトのなかには「2階以上」というチェックボックスを用意しているものがあります。そのため、検索結果に表示されることなく検討の対象外になる可能性もありえます。売却には工夫が必要です。

□木造住宅が密集している

山手線外周部には「木密地域」と呼ばれる木造住宅が密集して建つ地域がありま す。道路が細く公園も手狭なため、火災発生した場合の危険度が高い地域です。「首都直下型地震」が起きたら、甚大な被害が予想されます。とくに大きな災害の後は、木密地域の物件売却は困難を伴うかもしれません。

また、東日本大震災における臨海部の液状化現象は記憶に新しいところです。水害、液状化、震災などのリスクが予想される物件はタイミング次第では価格が下落し、売却に時間がかかる危険性があります。

□日々の買い物に困る

スーパーマーケット、コンビニエンスストアが近くにないエリアは敬遠されがちです。徒歩圏に買い物できる店舗の存在は成約率に影響を与えます。

□半地下

日当たりが悪く、健康的なイメージがない半地下の物件を売却するのは簡単ではありません。風通しも悪く、湿気っているので価格競争にも弱いです。しかし、首都圏では価格を下げればすんなり売れることもあります。

□北向き

日本では北向きの物件は不人気です。不動産ポータルサイトの検索条件で「北向き」の物件は除外される傾向にあります。

例外として、高層タワーマンションでは南向きの日差しが強すぎるため、北向きの部屋を好む方もいらっしゃいます。

□違反建築

「違反建築」とは、建築基準法をはじめとする法例の要件を満たしていない建築物です。代表例には、建蔽率《けんぺい》・容積率の制限を超えてしまった建物が挙げられます。

違反が過度な場合は更地にしたほうが売れますが、軽微な場合は売却することも可能でしょう。銀行のローンを組むことも不可能ではありません。
なお、売却の際は買主に違反建築である旨、きちんと告知する必要があります。行政から是正命令が出るリスクについてもお伝えするべきです。

売りづらい条件に当てはまる物件でも価格を下げて時間をかければ、成約に至る可能性は低くないでしょう。ただ、どうしても買主が見つからないこともあります。その場合は、**複数の買取り専門業者から査定を取りましょう。仲介での売却と異なって、買取りの見積もり査定では価格にバラツキが生じる特徴があります。**価格の差は買取り業者の資金力の差や在庫数の表れです。大手企業は資金力があるのでキャッシュで買えますが、融資で購入する会社は利息や事務手数料の分、不利な勝負をせざるをえません。

買取りの依頼は、1社ではなく複数の会社の査定額を見比べて決めましょう。

離婚で家を売却するときに気をつけるべき3つのこと

近年、離婚を理由にご自宅を手放すケースは少なくありません。離婚を前提とした売却では住宅ローンや財産分与などの問題が出てきます。

どのような対策や手続きが必要になるのか、具体的に見ていきましょう。

まず、**家は不動産の名義人でなければ売れません。**名義人とは、土地・建物の登記事項証明書にある権利者のことです。単独名義では夫か妻のどちらかの、夫婦共有名義では、2人の名前が書かれています。

夫の単独名義では、たとえ夫婦であっても妻が勝手に売却することはできません。**夫婦の共有名義であった場合は、夫婦間で合意形成して、夫婦共同でなければ売却することができません。**ただし合意形成ができなくても、自分の持分割合（共有持分）のみを不動産会社などに売却することは可能です。

ただ、第3者に共有持分のみを売却すれば、大きなトラブルに発展する可能性が高いので注意が必要です。

住宅ローンとの兼ね合いによって状況が変わる

離婚での家の売却では、住宅ローンが残っているか残っていないかでも対応が異なります。

・住宅ローンが残っていない

住宅ローンが残っていない、もしくは住宅ローンを利用しておらず現金購入だった場合、一般的な仲介や買取で売却できます。

・住宅ローンが残っている

家の売却額で残りのローンを完済できる場合は仲介や買取で売却できます。しかし、売却額で完済できない場合は、不足金額を自己資金等で補填する必要があります。

売却益の財産分与には3パターンがある

財産分与とは、夫婦が婚姻中に協力して築いた財産を離婚時に分け合うことです。**不動産を売却して手元に残ったお金は、財産分与します。**以下の3種類に分類されます。

①清算的財産分与＝婚姻中に共同で形成した共有財産を清算する
②扶養的財産分与＝離婚で生活が苦しくなる配偶者に対して行う
③慰謝料的財産分与＝慰謝料を相手に請求する

財産分与と慰謝料とは別物です。家を売却して財産分与で金銭を受け取ったとしても、別に慰謝料を請求できます。ただし、慰謝料の一部を財産分与の形で払っている場合はこの限りではありません。

なお婚姻前に親から譲り受けたり、自ら購入するなどしたりした不動産は夫婦共同で形成した財産ではありません。したがって財産分与の対象になりません（特有財産）。

また、婚姻前に取得した不動産にローンが残っていた場合、婚姻後も支払っていれば、支払った分についてのみ共有財産の対象となります。

財産分与は具体的には以下のように分配されます。

- **持分割合（その不動産をどちらが、どのくらいの割合で所有しているかで分配）**
- **夫婦で2等分する**
- **全額どちらか一方がもらう（夫婦間で合意が得られた場合）**

以上を踏まえて、**不動産を売却するなら、離婚前のご売却を私はおすすめします。離婚後では、お互い連絡を取るのが難しくなるからです。**

もちろん、売却自体は離婚前でも可能です。ただし売却益やご自宅そのものを財産分与する場合は、離婚届を提出し戸籍を分けてからにしましょう。婚姻中に財産を移転すると「贈与」となり、贈与税も不動産取得税も課税される恐れがあります。

家の売却額がローン残債を下回り、売っても完済できない場合はそもそも財産分与の対象に含まれません。したがって離婚のタイミングはあまり関係しないでしょう。

相続不動産の売却で気をつけるべき7つのこと

相続した不動産を売却するケースも近年珍しくありません。**不動産を相続して売却する方法には独自のルールが設けられているため、注意が必要です。**次の7点を確認しましょう。

①共有名義の売却は全員分の署名・捺印が必要

共有者全員の同意でポイントとなるのは、「売ること自体の同意」と「価格の同意」です。売ることだけなら話は進めやすいと思いますが、価格の同意まで含めると一筋縄ではいきません。買主との価格交渉があるからです。前述の通り、一括査定から始まる一連の査定額を参考にしながら、現実的な落としどころを決めましょう。

②単独申請による登記を贈与とみなされないようにする

相続した不動産を売却して現金化し、分割したうえで相続するのが換価分割です。換価分割には共同登記型と単独登記型の2種類があります。

共同登記型は、不動産を共有で所有したまま売却し、売却益を分配するやり方です。共有者全員の立会いが必要となります。

一方、単独登記型は一旦代表者がまとめて相続し、代表者が相続者間で分配します。相続者のなかに海外在住の方がいてもスムーズに進展します。

単独登記型で売却する場合、事前に「売却方法と分割方法」をセットで決めるようにしておく必要があります。そうしなければ、遺産分割協議の時点で他の相続人に配分する行為が贈与とみなされてしまいます。遺産分割協議書には「換価分割目的で遺産を取得する」旨を明記してください。

③実家に住むかどうかで税金特例が異なる

相続者が引き続き実家に住む場合、マイホームの売却と同じ扱いになります。マイホームの売却は、なるべく税金を発生させないように配慮されているため、多数の節税特例が用意されています。

- ３０００万円の特別控除
- 所有期間10年超の居住用財産を譲渡した場合の軽減税率の特例
- 特定の居住用財産の買換え特例
- 居住用財産の買換えに係る譲渡損失の損益通算及び繰越控除の特例
- 居住用財産に係る譲渡損失の損益通算及び繰越控除の特例

相続者が実家に住まない場合は、次の2つの特例を利用できる可能性があります。

- 取得費加算の特例
- 相続空き家の３０００万円特別控除

④相続後3年以内の売却なら節税になる

相続した不動産を売却するなら3年以内に決めましょう。相続不動産で利用できる2つの特例の適用期限が、約3年を目安としているからです。

・取得費加算の特例……相続開始の日の翌日から3年10カ月以内
・相続空き家の3000万円特別控除……相続の開始のあった日から3年目の年末

この2つの特例は併用できませんので注意してください。また不動産のご売却には名義変更から引き渡しまで数カ月もの時間が必要です。節税を目指すなら3年以内を目指しましょう。

⑤取得費は親の購入額を引き継ぐ

相続した不動産を売却するときは、親が購入した時点の売買契約書を探すことから始めてください。個人が相続した不動産を売却したときは、譲渡所得を計算します。

その計算式は次の通りです。

譲渡所得＝売却価額－（取得費＋譲渡費用（仲介手数料など））

この「取得費」は「親が購入した時点での不動産の購入額－減価償却費」です。そのため、両親が購入したときの不動産の購入額を知る必要があります。不明の場合には、⑦取得費が不明の場合は代替資料を探す、を参照してください。

⑥所有期間は親の購入日を引き継ぐ

相続不動産の所有期間は親の購入日を引き継ぐことになります。

税率は所有期間によって異なります。売却する年の1月1日時点において所有期間が5年超のときは「長期譲渡所得」、5年以下のときは「短期譲渡所得」です。「長期譲渡所得」のほうが税率が低くなります。

⑦取得費が不明の場合は代替資料を探す

取得費が不明な場合には「譲渡価額の5％」を取得費とみなします。これを「概算取得費」といいます。概算取得費を使うと、取得費が安く計算されます。しかし、結果的に譲渡所得が大きく計算されて課税額が増えてしまいます。

対応策としては、取得費の代替になる資料を用意するテクニックがあります。詳しいことは不動産会社の担当者に相談してください。

相続対策のためのリースバック

近年リースバックという言葉を聞く機会が増えてきました。

リースバックとは、自宅を売った後も、そのまま借家として住み続けられる仕組みです。リースバックが人気の理由は次の点が挙げられます。

- **自宅が売れるため一括で高額なお金が手に入る**
- **オプションで買い戻しできる**
- **家を売却した事実がご近所に知られない**

他にも、**実は相続対策としてリースバックは有効です。**相続の際には、遺産分割にまつわる親族間の争いが発生しがちです。

リースバックを利用すれば、遺族は円満相続につながる生前準備ができます。具体的には、自宅を生前の段階で現金化しておくことで、公平な分配ができるということです。

両親の死後、実家が相続財産として残っている場合、相続人全員の遺産分割協議が整っていないと売却できません。リースバックによって、こうしたトラブルの芽を事前に摘むことができ、現金化したものを生前贈与することで相続税対策にもつなげられます。

ちなみに、認知症になってしまったら家を売ることはできません。認知症対策という意味合いでリースバックを利用することもひとつの方法です。

リースバックを利用するうえで注意したい点もあります。

まず、**リースバックで売却すると、買取り価格は相場の7~8割程度になります。**

リースバックを利用して自宅を売却後、日の浅い段階で両親が亡くなった場合も問題です。手元の現金が使われないうちに相続することになったら、死後に家を相続するよりも相続税が高額になるのです。現金のほうが相続税の評価が高いためです。

生前贈与をしてから3年以内に贈与した方が亡くなった場合は、さかのぼって持ち戻し加算という税法上の決まりがあります。そのため、家を売ったお金の一部を受け取ってから両親が3年以内に亡くなった場合、生前贈与した場合は意味が失われます。

また、親子間での関係性が密でない場合は、相続した子供たちが実家の買い戻しオプションを知らず、そのまま自宅が他人のところへ流れてしまうこともあります。

リースバックの利用にはこうしたデメリットがあることを事前に理解しておきましょう。そのうえで**遺産分割で問題が起きるのを回避する選択肢のひとつとして利用するべきです。**

資金調達できるリースバックのメリットとデメリットとは？

リースバックは住み慣れた家で暮らしながら、老後資金、教育費、ローン返済などに充てる資金の調達が可能となります。ご自分の持ち家ではなくなるため、固定資産税の支払いは不要となります。マンションの場合、管理費や修繕積立金の支払いもなくなります。

リースバックの賃貸借契約には、「**定期借家契約**」と「**普通借家契約**」があります。できるだけ長く住み続けたい場合は、普通借家契約を選ぶと安心です。定期借家契約には再契約できる保証がなく、数年で契約期間が満期となります。

一方、**リースバックの最大のデメリットは自宅を残せないことです。**子供がいて家を残したいという希望がある人はよく検討したほうがよいでしょう。

住宅ローンの支払いに困ったときにも役立つ

リースバックは住宅ローンの支払いに追われる人にとっても有効な手段となるケースがあります。**手元に資金がなく住宅ローンを支払えない場合、リースバックを利用することによって急場を凌ぐというパターンです。**

ただしどのような条件でもリースバックを利用できるというわけではありません。住宅ローンが残る物件では、売却価格がローン残債を上回る必要があります。下回れば、リースバックは認められません（遺産相続の場合、実家の住宅ローンは完済していることが多いので、リースバックに適しています）。

リースバックでは設定された賃料を払い続けられるかを考慮することも重要です。

リースバックで支払う家賃の相場は図3－1の通りです。

3000万円で売れた場合は、月の家賃は約25万円にもなります。このことからもわかる通り、一般的な賃貸の相場よりも高額になりがちです。住宅ローンから解放されても、賃料が住宅ローンの返済時よりも楽になっていなければ意味はありま

図3-1　リースバック後の家賃と買い戻し価格

リースバックした場合にかかる家賃
=物件の売却額 ÷ 10 ÷ 12

リースバックから買い戻す場合の価格
=物件の売却額 × 1.1 〜 1.3

せん。そして、リースバックでは10年住めば売却価格と同じだけの金額を支払う結果になります。

買取価格と買い戻し価格の問題もあります。売却したときの価格よりも10〜30%割高になります。もしどうしても買い戻したくて住宅ローンを組もうとしてもなかなか難しいでしょう。

家を買い戻すには？

リースバックの魅力のひとつは、賃貸物件として住みながらご自宅を買い戻せる点にあります。買い戻しにはいくつか注意点があります。

- **買い戻し期限を固定にしない**
- **買い戻しの条件を契約段階で詰めておく**
- **普通借家契約を選択する**
- **家賃を滞納しない**

買い戻しに関する契約には「買戻し（売買予約）」と「買戻し特約」という似た名前の2つの種類があります。「買戻し（売買予約）」には買い戻すまでの期限はありません。「買戻し特約」では最長10年の期限が設けられています（契約時に期限が定められていない場合、5年が期限となります）。

基本的には住宅ローンを組むことが難しいので、買い戻し資金を貯めてから買い戻すことになります。明確な金額を決めずにいると契約時よりハードルが上がることもあります。**買い戻すタイミングは指定せず、買い戻しの価格は固定しておくことをおすすめします。**リースバック時に家賃を滞納すると買い戻す権利を剥奪されます。滞納が3カ月続くと、賃貸契約が無効になって強制退去となります。

第4章

後悔しない
新居の買い方・選び方

住み替えの目的をはっきりさせれば後悔しない家選びにつながる

本書を手にとってくださっている皆さんの多くは、いまの家を売って新居への住み替えを検討されていることでしょう。実際、これまで私が応対してきた顧客の皆さまにお話を聞いてみると、2～3回住み替えを経験された、もしくはされる予定の方がほとんどです。

家は売却して終わりではありません。むしろ、今後の生活においては次の家選びこそ重要です。本章ではどのように住み替えの家を選んだらよいのか、ライフプランに合った新居の選び方を解説していきます。

住み替えの理由を考える

住み替えの理由はさまざまですが、主に次のように分類できます。

- **子供が誕生もしくは成長したから**
- **通勤や通学の利便性を向上したい**
- **子供の独立・老後の生活に備えるため**
- **転勤**
- **離婚**
- **マンションから一戸建てに移りたい**
- **よりよい住環境で暮らしたい**
- **以前の住まいに不満があった**

当然のことながら、住まい選びは人生を左右します。長期的に住宅ローンを組まなければなりません。住まいの場所が悪くて地震や水害、犯罪に巻き込まれることもあるかもしれません。家族の生命と財産を守るのは家の役割です。

ですから、**住み替えの際には「なんのために住み替えるのか？」「いつまで住む予**

定なのか？」という点をまずははっきりさせておくべきでしょう。そうすることで、新居を選ぶ判断軸がブレることなく後悔しない家選びができるはずです。

一生住み続けるか？　もう一度買い替えるか？

住まいを買い替える目的をはっきりさせると同時に、**その家は一生住み続ける家なのか、もう一度買い替えるのかという点も明らかにさせておくとよいでしょう。**終《つい》の住処とするのかどうかで物件の選び方が変わってくるからです。

たとえば、予算が５０００万円でマンションから一戸建てへ住み替えたいケースを考えてみましょう。今後住み替えをしない予定だったら、注文住宅を建ててもよいでしょう。場所も地価に関係なく好みの土地に建てて問題ありません。

一方で住み替えの可能性があるのでしたら、建て売りをおすすめします。場所も将来の売却を考えて、地価が高い場所のほうがよいといえます。具体的に両者ではどのようなシミュレーションになるか計算してみます（図４－１参照）。

図4-1　注文住宅と建売住宅の資産面の違い（予算5000万円）

注文住宅
・上物　3000万円：減価償却により25年後には資産価値＝0円
・土地　2000万円：不便な場所にせざるをえない→買手は少ない

建売住宅
・上物　1000万円：減価償却により25年後には資産価値＝0円
・土地　4000万円：よい立地に建てられる→同程度の価格で売れる

このように注文住宅では上物の価格が高く、建売住宅の場合は土地の価格が高いケースが予想されます。上物は減価償却により、25年後には資産価値がゼロになりますから、**25年先を見据えて考えたとき、注文住宅は売りづらくなります。**住み替えを想定すると、選択肢がとても狭まってしまうのです。

不動産で損をする人は、家を一生に一度の買い物だと思い込む傾向があります。25年も先のことは考えていません。家という商品は買った瞬間から価値は下がり続けると考えてしまいます。

しかし、不動産には立地によって、20年、30年経っても価値が下がらない資産価値の高い物件もあります。そして、**将来住み替えをする可能性がある場合は資産価値の下がらない物件に住むべきです。**

では、資産価値の下がらない物件とはどのようなものなのでしょうか。

都内であれば次の条件に該当するような物件です。

- **山手線の内側、環状8号線の内側**
- **有名な小学校の学区内**
- **都内で港区ほど高くないが、値頃感がある**

それぞれの項目についてすでに本書で説明しているため、ここでは詳細に解説しません。こうした視点で選んでおけば、将来の住み替えで失敗しないはずです。

なお、新居の住み替えでは、住宅ローンの兼ね合いもあって多くの人は働き盛りのうちに大きな選択をしなければなりません。「無理のない返済」はもちろん「将来の資産価値が落ちない」という2点のバランスを考慮して決めるようにしましょう。

住み替えの新居選びで重視すべき2つのポイント

資産価値が重要だというお話しをしました。
住み替えを想定した家選びでは他にも次の2点を重視するべきといえます。

①安全性：災害被災リスクはないか
②適合性：自分の好み、ライフスタイルとの相性はよいか

「安全性」は水害、震災などに強い物件かどうかです。低地に広がるゼロメートル地帯の住宅は避けたほうが無難です。ハザードマップは事前に確認しましょう。

「適合性」はパーソナルな価値観なので売却額に反映されるとは限りません。デザイナー住宅、大型犬を飼うことができる、風水上好ましい、海の近くで広い庭を有している、タワーマンションの高層階、閑静な住宅地に建つ……などといった要素が該当します。

繰り返しになりますが、新居を選ぶときに重要なのは、明確な基準を設けていることです。**適合性を重視しすぎると資産価値が落ちますし、安全性を重視しすぎると予算内での購入が難しくなるかもしれません。**自分にとって価値のあり、かつ資産価値のバランスが取れた物件を探しましょう。

スキルの高い不動産担当者の見極め方

不動産関係におけるトラブルの大部分は、契約やその前段階の説明不足が引き金になっています。これは新居を探す場合でも例外ではありません。

多くの不動産会社はレインズを利用しています。そのため、紹介できる物件が会社によって違うことはほとんどありません。しかし、これまでにも述べてきた通り、近年の不動産会社では担当者のスキルに大きな差があります。

不動産会社の担当者は家選びのエージェントです。高いスキルを持つ担当者を選ぶことで有益な情報が得られ、満足度の高い家選びを実現できます。

スキルの高い担当者に共通する5つの項目

不動産会社の担当者のスキルを見極める点は次の通りです。

□担当エリア以外の資産性の高い不動産の話をできる

不動産会社の営業マンは担当エリアが決まっています。担当エリア外の話には疎いものです。しかし、勉強熱心な担当者であれば、資産性のある物件について広い範囲で話ができます。

□ネガティブな情報も伝えてくれる

実際、家に住み始めてみると、購入前にはわからなかった欠点に気がつく場合があります。軟弱な埋め立て地のため地震によって家がとても揺れる、近隣の工場からの騒音がひどいといったことは、担当者が事前に伝えてくれたら避けられた問題です。ネガティブな要素も伝えてくれる担当者を選びましょう。

□引き渡し後のアフターフォローをしてくれる

新居の引き渡し後に設備の不具合が発覚することがあります。配管、建具、クロスなど部位はさまざまです。また、確定申告のサポート等、きちんと対応してくれる担当者を選びましょう。

□自宅の購入経験がある

自宅を購入した経験のない担当者は、自分事で物事を語れません。「担当者さんは、いつご自宅を買われたのですか？」と聞いてみるのも手段です。

□わかりやすい説明ができる

知識が深く専門性があっても、うまく説明できなければ物件の魅力が伝わりません。あるいはトラブルを避けるためにも、曖昧な回答に始終するようでは困ります。税制や融資などについて即答できなくても、後日説明してくれればよいでしょう。また買主側の要望を聞かない担当者はNGです。優れた営業マンはコンシェルジュのように知識が豊富で提案力があります。

家を購入する前に内覧で絶対見ておくべきポイント

物件の選び方、内覧のとき見るべきポイントは、「上手な家の売り方」と裏返しです。売手の立場になったとき対処すべきポイントが、買手の立場になったときに見るべきポイントなのです。

皆さんには、第1章〜第3章を通して売却するうえでの大事な点をお伝えしてきました。今度は売却のポイントを購入側の視点で確認する。そうすれば、物件を購入する際のチェックポイントは見えてきます。ここでは、主に内覧の際に見ておく部分に焦点を当てます。

チェックポイントは次の通りです。

- 部屋の向き：日射しの強さ、日照時間
- 室内環境：風通しと眺望、騒音、湿度
- 間取り：家具を置いたときの状態、動線、天井の高さ
- 収納スペース：高さや大きさ、扉の開き方
- 壁紙などの内装：壁のひび、クロスのはがれ・浮き、ヤニ汚れ、カビ
- 水回り：漏れ、詰まり
- 床や柱の歪み：平行か垂直か
- 外壁や基礎：ひびや腐食
- ガスと排水の種類：都市ガスかプロパンガスか、下水道か浄化槽か

続いて、売主に確かめるチェックポイントは次の通りです。

- 交通の便：交通量、電車の混み具合、バスの本数など
- 生活の利便性：スーパーの営業時間、病院、学校など
- 周辺環境：騒音、臭い、治安など

・近隣の住人：住民の年齢層や流動性、町内会の雰囲気など
・売却理由：なぜ売却したいのか

共用部でチェックしたい項目も次の通り、いくつかあります。

・共用部分にゴミや自転車、荷物などが置かれてないか
・マンションの掲示板を確認
（マンションで起きたトラブルや注意事項が書かれている）
（積立金の滞納者がいたら、注意喚起が出ていることもある）
・共用玄関や植栽など、目につく部分をメンテナンスしているか
・光回線設備、オートロック、宅配ボックスなど、時代に合わせてアップデートをしているか

内覧では不動産会社の担当者が同行してくれるはずです。気になる点があったら積極的にプロに相談しましょう。

なお購入を決める前に、一度自分の足で現地に行くことも重要です。担当者の車で案内してもらうと、見栄えのよいルートを通りがちです。近隣の視察も兼ねて付近を散策してみると失敗を防げます。

マンションの購入では保証内容や規約事項を確認する

新築マンションでは、建物の構造耐力上主要な部分（基礎、壁、柱、屋根等）と雨水の侵入を防止する部分について10年間の契約不適合責任（瑕疵担保責任）の保証が義務づけられています。一方、**中古マンションでは、不動産会社が売主の場合には2年間、個人が売主の場合には3カ月間の契約不適合責任（瑕疵担保責任）が保証されております。**第2章で触れた「契約不適合責任」などの面からも、事前に調べておくと将来的なリスクが減ります。

3つの書類でマンションの状態を客観的にチェック

契約前に必ず確認しておきたい書類は、次の3つです。

①重要事項調査報告書

毎月の修繕積立金や管理費、駐車場の空き状況、修繕積立金の総額、ペット飼育の可否、管理人の勤務状況等の最新情報や、管理規約の大事な部分を抜粋した内容が記載されています。

②長期修繕計画案

25～30年単位でのメンテナンス計画がわかる書類です。修繕積立金を貯めるうえでの目安になります。

③物件状況等報告書・設備表

購入する物件の現在の状態を説明する書類です。雨漏りや給・排水管の老朽化といった、不動産を内覧しただけではすぐにはわからない情報が記載されています。売主によって作成されます。設備表は給湯器や床暖房、給排水設備等、設備の有無と故障の有無を記載した一覧表です。

これら3つに加えて、「管理規約」も目を通したい書類のひとつです。ゴミ出しのルール、理事長の決め方、民泊NG規定などはもちろん、共有部・専有部の範囲などが記されています。

①から③まではすべて不動産会社の担当者を通じて入手することができます。こうした書類を通じて次の点をチェックしましょう。

□修繕工事の履歴、今後の予定（↓重要事項調査報告書、長期修繕計画案で確認）

修繕積立金の計画をチェックします。積立金の残高がどれくらいあるかを確認しましょう。この金額が少ないと一時金が発生する場合があります。これまでにどんな修繕工事が行われ、今後どんな工事が行われる予定なのかも調べることも大切です。

□大規模修繕のタイミングと規模（↓長期修繕計画案で確認）

長期修繕計画書が存在しないマンションもたまに存在します。その場合、銀行も担保の評価を出さないケースがあります。

修繕工事費は工事内容に大きく左右されますが、一般的に大規模修繕工事を1回実施するのに1住戸あたり100万円貯まっていれば円滑に実施できるといわれています（マンションの規模に左右されます）。積立金に不足があるときは、工事のタイミングで追加金が発生するかもしれません。

□滞納金、借入金の有無（↓重要事項調査報告書で確認）

マンションの滞納金は、総戸数と滞納している世帯数とのバランスを見て判断します。1戸のマンションが滞納していても、全300戸のマンションと全20戸のマンションでは比率が全く違います。マンションの築年数が古ければ、滞納金や借入金が発生してしまう可能性が上がる傾向にあります。ですから、滞納金なしならよいマンション、ありなら悪いマンションとはいい切れません。

また借入金があること自体は悪いことではありません。銀行が資産性のあるマンションだと判断したという見方ができるからです。反対に、積立金がたくさん貯まっているのに、必要な修繕をしないマンションのほうが問題はあるかもしれません。

□管理費、積立金の値上げ（↓重要事項調査報告書、直近3期分の総会議事録で確認）

多くのマンションは段階的に積立金を上げていく傾向があります。積立金が安いと必要な修繕工事が先送りされる可能性もなくはありません。安ければよいというものでもないので心に留めておきましょう。

□駐車場、駐輪場の状況（↓重要事項調査報告書、管理規約で確認）

マイカーや自転車を利用している場合は空きがあるか、利用料はいくらか調べましょう。満車の場合は近隣の駐車場を探す必要があります。車種の制限についても確認してください。

□ペット飼育の規定（↓重要事項調査報告書、管理規約で確認）

ペットを飼っている場合は確認が必要です。

□インターネットの状況（↓重要事項調査報告書で確認）

最近のマンションは光回線に対応していますが、通信速度などを確認するとよいでしょう。プロバイダが複数ある物件もあります。

□リフォームに関する規定（↓管理規約、工事細則で確認）

フローリングや水回り設備の移設禁止など、工事内容に制限をかけているマンションがあります。

一戸建ての購入とは確認する項目が異なるので、チェックし忘れる人も少なくありません。「こんなはずじゃなかったのに」とならないためにも、マンション購入を検討の方はここに挙げた項目を忘れずに確認しましょう。

中古マンションはリフォーム前提の購入がトレンド

東京都心を中心にマンション価格は高値で推移しており、新型コロナウイルス禍以降は物件数も減少傾向にあることは先述した通りです。その流れを受けて、**リフォーム前提での中古マンションを購入することが流行っています。**コスパを求めて、リーズナブルに自分好みの住まいを手に入れようとする人が増えているのです。

中古マンションは新築の分譲マンションに比べて手が届きやすい価格にあります。希望の立地で暮らすハードルが低くなるでしょう。

こうした傾向を後押しするかのように国や自治体では、耐震、省エネ（エコ）、介護などの要求を満たすリフォーム工事に補助金を支給しています。

主なリフォームの補助金は次の通りです。

・長期優良住宅化リフォーム推進事業
・住宅・建築物安全ストック形成事業
・介護保険法にもとづく住宅改修費の支給
・地方公共団体における住宅リフォームに関する支援制度

どれも専門的な内容になりますので、詳しくは不動産会社の担当者に問い合わせてみましょう。

中古マンションのリフォームでできること

中古マンションのリフォームではどのようなことができるのでしょうか。代表的なリフォーム内容は次の通りです。

①壁・床のリフォーム

壁や床は経年劣化で色褪せたりへたったりしてきます。壁紙であれば5～10年、フローリングは合板をつなぎ合わせた複合フローリングであれば10～15年、無垢材なら30年程度保てます。技術開発で防かび、抗菌、抗ウイルスの商品が次々と誕生していますので、定期的に張り替える効果は大きいでしょう。柄や色合いを変えるだけで部屋が見違えます。他のリフォームと比べて、コストは最も安いです。

②断熱リフォーム

築20年以上のマンションでは冬は寒く、夏は暑いことに悩まされたり、外気との寒暖差により結露が発生しやすい傾向があります。そのため、断熱リフォームは不可欠といえます。防音リフォームも合わせて実施するとそれぞれ相乗効果を発揮する場合が少なくありません。ちなみに、内窓の設置は防音と断熱の両方に効果があります。

③防音リフォーム

マンションでよくあるトラブルのひとつが「騒音問題」です。

生活音を遮断するのに有効な方法として、防音性の高い床材やカーペットに変更する工事があります。壁に防音リフォームを施すのも効果的です。

最近は、在宅ワークに集中したいと間仕切りを増設したり、防音に気を使ったりするご家庭が多くなりました。騒音対策として、既存の窓の内側に内窓を増設して二重にする手も考えられます。

④水回りのリフォーム

1個所ずつ施工するよりも、キッチン・浴室・トイレ・洗面所をまとめて工事したほうが割安になる傾向があります。業者によっては指定のメーカー商品を利用することでお得になるプランを用意していることがあります。

⑤収納を追加するリフォーム

リビング・廊下・玄関などの壁面に棚を埋め込んで引き出しを設置する。カウンターや吊戸棚《つりとだな》をつけるといった工事を実施すると部屋のイメージが一新します。押入れをクローゼットにしたり、床下に収納をつくったりする工事も定番です。

使わない部屋があったり、スペースに余裕があったり、間取りを変更したりする際には「ウォークイン・クローゼット」を新設する人もよくいらっしゃいます。

収納は市販のシステム収納か造り付け家具を選ぶことになります。後者はオーダーメイドですから部屋に馴染む一方、価格は割高です。

⑥間取り変更

隣り合った部屋をつなげる、廊下をつぶして部屋の一部にする、キッチンを対面式のレイアウトに変更するなどの方法があります。水回りを含めた大胆な変更を伴う場合、500万〜700万円程度かかる可能性があります。業者によってメニューや工事費が異なりますので、よく調べてください。間取りだけではなく、コンセントの数を増やしたり位置の変更をしたりもできます。

⑦スケルトンからのフルリフォーム

2LDK〜3LDK程度の広さのマンションで一度スケルトン（=骨組みだけの）状態にして実施する工事です。内装を全部屋完全に剥ぎ取り、コンクリートを全面むき出しにしてから工事する点で、間取り変更とは異なります。メリットはゼロベースでプランニングが可能な点です。部屋数も間取りも指定でき、内装や設備機器もお好きな物を搬入できます。

なお、費用は①～⑥は約１００万～７００万、⑦については５００万円以上かかるのが一般的です。

中古マンションをリフォームするデメリットと解決方法を知る

リフォーム前提の中古マンションの購入はよいことづくしのように思えますが、注意すべき点もあります。それは購入してもすぐには住めないことです。

まず、購入手続き後、工事を始める前に管理組合に工事申請書を提出しなければなりません。工事に取りかかれるのは、その申請書を提出した3週間～1カ月後です。つまり、事前に引き渡しの前に申請しておかないと、鍵を受け取ってもすぐ工事に移れません。段取りに失敗すると、工事が終わるまで仮住まいが長くなる場合も少なくないのです。

各種の手続きは仲介会社の担当者が進めるのが一般的です（リフォーム会社がフォローすることもあります）。全体の流れを購入の段階できちんと先読みしながら準備を進めるとよいでしょう。

図4-2　リフォーム工事で注意する部分

給排水管、ガス配管、電気配線の移動	キッチンやバスルームなど水回りの間取り変更も、パイプスペースの位置によっては不可
サッシの交換	サッシは共用部なので、勝手に複層ガラスに変更不可（内側に複層ガラスの設置は可）
玄関ドアの交換	内側の塗装は可能（管理規約による）
床材の変更	遮音性に基準が設けられている場合は、床材の変更に工夫が必要
床暖房	マンション全体の電気容量またはガス容量が関係してくるため、確認が必要

残念ながら、希望のリフォームができないケースもあります。

主な理由は次の2つです。

①建物の構造上の制約

マンションには壊せる壁と壊せない壁があります。重量を支える壁は壊せません。また耐震補強はマンション全体に関わることなので、住戸単位では実施できません。

②管理規約による制約

マンションのリフォームでは管理組合の許可を得るため、事前に工事申請をしなければなりません。リフォームできる範囲は規約で定められているのが一般的です。

図4－2の設備の工事は事前に確認しましょう。

マンションのリフォームで失敗しないためには

せっかくマンションのリフォーム工事を実施したのに、後悔してしまった……。このような事態は避けたいですよね。**リフォーム工事が失敗する原因の多くは、事前確認の不足に起因しています。**次の点に注意して失敗を防止しましょう。

・マンションの構造を事前確認する

構造壁と呼ばれる壁は壊せません。建物の重量を支えており、鉄筋コンクリートで作られているからです。リフォームで撤去できるのは石膏ボード製の間仕切り壁だけです。

・インスペクション（住宅診断）をする

住宅診断士に物件の劣化具合、欠陥の有無、改修が必要な個所を調べてもらえば、見た目にはわからない腐食も見つけてくれるため、リフォーム中の思わぬ改修工事を避けられます。

・マンションの管理規約を確認する

間取り変更を考えていたら、配管パイプの関係で思うようなレイアウト変更ができないと判明したということが実際にあります。床材の張り替えや搬入経路、工事時間なども管理規約で決まっているはずです。事前にチェックしましょう。

なお、大手ゼネコンのリフォーム商品は注意が必要です。自社の人件費などを子会社の工務店に上乗せして価格を決めているため、費用が割高になる傾向があります。

住宅ローンの審査では銀行は何を重視している？

住宅を購入するとき、多くの方は住宅ローンを利用するでしょう。ということは住宅ローンの審査通過が住宅購入の前提になっているということです。

ここでは、**住宅ローンの審査を通過するにはどうすればよいのか。銀行は何を見て審査しているのかをご説明しましょう。**

通常、住宅ローンを組むときの基準項目は次の通りです。

- **年齢**
- **勤務先**
- **勤続年数**
- **年収**

- **過去の返済状況**
- **現在の借入状況**
- **健康状態**

これらを踏まえて、**銀行からの信用を勝ち取るために重要なポイントは、収入が安定しているかということです。**わかりやすくいえば、収入が不安定な経営者よりも定期的な給料を見込めるサラリーマンのほうが審査には有利なのです。それに合わせて、勤続年数が重視されます。転職回数が多いと審査が通りづらくなるといわれています。また、勤務先の資本金が大きいほど有利でしょう。

住宅ローンは金利と事務手数料を基準に選ぶ

住宅ローンを組むときのポイントは、金利と事務手数料です。

35年以上のローンを組むと、金利が0・1%変わるだけで数十万円変わるケースもあります。金利が安くても事務手数料が高い銀行もあるので注意が必要です。総額を比較して決めましょう。

近年はネット銀行の金利はとても安い傾向にあります。その煽りを受けてか、メガバンクは住宅ローンが縮小傾向です。ネット銀行ならオンラインで完結するという利便性もあります。通常は2万〜3万円の印紙代がかかるローンの契約書（金銭消費貸借契約書）も、電子契約ならこの印紙代は不要です。

ただ、ネット銀行ではダブルローンに対応していません。**ダブルローンが利用できるのはメガバンクや地方銀行です。**首都圏の地方銀行は、横浜銀行、きらぼし銀行などが該当します。地方銀行はダブルローンで借りた場合、自宅が売れるまでは新居の支払いの元金を据え置きにできるケースがありますので、毎月の支払い負担が軽減されます。

変動金利と固定金利はどちらがよいのか

いまは変動金利が0・3％台、35年のフラット35が1・5％台となっています。仮に5000万円を35年で借りた場合、変動では毎月が約12万5000円、35年固定では毎月が約15万3000円となり、毎月の差が約2万8000円となります。この約2万8000円を支払い額が変わらないための保険として考えられる方には固定金利をおすすめします。また、2万8000円が無駄と感じる方は変動金利で安く借りて、この2万8000円を貯蓄や投資に回すのがよいでしょう。

ダブルローンで住み替えするメリット＆デメリット

2つのローンを併用することをダブルローンと呼びます。本書では売りに出す家のローンを払いつつ、さらに住み替え先のローンを借り入れることを指して話を進めます。

ダブルローンでは次のようなメリットを期待できます。

・買い先行で住み替えできる

新居探しに比重をおく場合、買い先行を選ぶことになります。ダブルローンの利用が可能なら、ご自宅の売却の時期に影響を受けることなく、見つけた家をすぐに購入できます。

・空き家にしてから売却できる

買い先行でダブルローンを組んだ場合、新居へ引っ越した後ですから、空き家の状態で買主側に内覧してもらえます。内覧の前の片付けや清掃から解放されるのです。買主側も収納や寝室などを細かくチェックできるため、双方にメリットがあります。

・新居で早めに新生活が始められる

後述する「住み替えローン」を利用する場合に比べ、早期に引っ越しが可能です。「住み替えローン」では売却と購入の決済を同時に行う必要があるため、買主様を確定したうえでタイミングを調整しなければなりません。

一方で、ダブルローンでは次のようなデメリットもあります。

・ローンの審査が通りにくい

ローン審査には事実上の年齢制限があります。住み替えの場合、住宅のご購入は2軒目ということになりますから買主の年齢が上がっていることでしょう。費やせる返済期間は短くなり、かつローンは2件分です。返済額は大きくなり、完済までこぎ着けられるかシビアな視点で吟味されます。審査を通過できない場合も想定しておきましょう。

購入申込や売買契約書には、ローン特約をつけておいたほうが安心です。もしローンの審査を通過しなかった場合でも手付金が返還されるからです。

・ローンの負担が大きい

旧宅の売却が成立しない限り、2つのローンの支払いが続きます。資金的に余裕があって、売却の目処が立っているなら問題ないでしょう。しかし、今後大きく収入が上がる見込みがない場合は、家計の負担は決して小さくありません。地方銀行では購入先の元金支払いを自宅が売れるまで据え置きにできるケースがあります。

以上からわかるように、**ダブルローンを利用した買い先行は資金面がポイントです。**ダブルローンを組めて支払計画が万全であれば利用してよいでしょう。

ちなみに、ダブルローンに関しては知識の乏しい担当者も少なくありません。そうした担当者はダブルローンの案内さえしません。ダブルローンを組めばすぐ買える物件がある場合、チャンスを逃してしまうことになります。

住み替えローンという手段もあり

ダブルローンの不安が拭えない人もいらっしゃるでしょう。**その際は売り先行で旧居の住宅ローンを完済した後に、新居の住宅ローンを借り受けてください。**より安全な住宅ローンの返済が可能になります。

あるいはこれから紹介する「住み替えローン」という手も残されています。

「住み替えローン」とは、旧宅の売却額では完済できなかったローンの残債もまとめて一本化してくれるローンです。仲介手数料などの諸経費も合算してくれます。

ただしあくまで残債を補って新居の分と合算するローンなので、旧居の売却が決まらないと融資限度額が決まりません。つまり売り買い同時進行で進め、購入と売却の手続きを同日にする必要があります。

「住み替えローン」では、ダブルローンの期間はなくなりますし、仮住まいも必要ありません。最も理想的ではありますが、最初から売り買い同日を目指すのは現実的ではありません。

売り先行で高い価格で売却し、理想的な購入物件が同時に見つかった場合は売り買い同日の引き渡しも視野に入ります。あくまで売れ行きや購入先の物件次第です。また、通常の住宅ローンと比較して「住み替えローン」の審査は厳格です。新居の担保評価を超える融資を受けるためです。さらに、金融機関から見て融資リスクが高いため、住み替えローンの金利は高く、取扱いのある銀行も限られます。

第５章

不動産売買で役立つ
節税の知識を押さえる

不動産売却では譲渡所得税が発生することも

物件の売却価格が購入価格よりも高いと、利益（譲渡所得）が出ていることになり、所得税や住民税が発生することをご存じでしょうか。

譲渡所得が発生すると、仕事の給与所得とは分けて計算して確定申告する必要が出てきます。実際に申告するときには、税理士などに相談することになるでしょうが、事前に基礎的な知識を理解しておくことで心理的な不安がなくなって安心できます。

本書の最後となる第5章では、不動産売却における税金関係について解説していきます。

図5-1　譲渡所得と課税譲渡所得

譲渡所得

= 譲渡収入金額 − (取得費 + 譲渡費用)

課税譲渡所得

= 譲渡所得 − 特別控除額

※譲渡収入金額は、土地·建物の譲渡代金と固定資産税、都市計画税の精算金

譲渡所得とは？

そもそも「譲渡所得」とは、所有している不動産を売って得た利益のことを指します。先述したように、譲渡所得には所得税と住民税がかかります。

譲渡所得の額は図5−1のように算出できます。

このように、譲渡所得は売却価格とイコールではありません。

譲渡収入金額から取得費や譲渡費用など経費に相当する部分を引いた額が譲渡所得になります。そして、課税譲渡所得は譲渡所得から特別控除額を引いた額となり、こ

れに課税がされるというわけです（図5―1参照）。

経費に該当する項目は次の通りです。

【取得費】

- 土地・建物の購入代金や建築代金※
- 購入時の税金（印紙税、登録免許税、不動産取得税など）
- 仲介手数料
- 整地費、建物解体費など
- 設備費、改良費
- 一定の借入金利子

【譲渡費用】

- 仲介手数料
- 印紙税

＊建物の購入代金・建築代金からは減価償却費を取得費の合計額から差し引く

＊購入した時期が古く、取得費の額が売却額の5％に満たない場合は、売却額の5％を取得費として計上する

・建物解体費など
・売買契約締結後に支払った違約金
・借地権の名義書換料など

「実額所得費」と「概算取得費」

取得費の計算では「実額所得費」と「概算取得費」を考える必要があります。

まず、実額所得費は不動産取得時の契約書や領収書などに基づいて、実際に支払った金額を当てはめます。

概算取得費を当てはめるケースでは、ふたつのパターンが考えられます。

ひとつは購入時の書類が保管されておらず、実額所得費が明らかにならない場合です。もうひとつは古くからある土地や家屋を売却する場合、購入当時の物価が現在と比較して著しく安いことがあるため、こうした場合の不利益を解消する目的で概算取得費を適用する場合です。つまり、**実額所得費より概算取得費で計算したほうが金額が大きい場合、概算金額で申告することができます。**

概算取得費は次の計算式で求めます。

・概算取得費＝譲渡収入全額×5％

なお、昭和40年以降に購入した物件などでは、概算取得費の5％ルールではかえって不利益を被ることもあるので注意も必要です。こうした場合は税理士や不動産鑑定士などに協力をお願いして、取得費を合理的に算出することになります。ただし、合理的な理論と証拠の積み上げが必要になりますので、取得費不明の土地の確定申告は困難なこともあります。

譲渡所得税の税率は所有期間で変わる

譲渡所得税は、不動産の所有期間によって変わってきます。所有期間5年以下を「短期譲渡所得」、5年超を「長期譲渡所得」として分けられています（図5－2参照）。

長期譲渡所得は所有期間が10年を超えると、さらに別のルールが適用されます。譲渡所得のうち6000万円以下の部分について、「マイホームの軽減税率の特例」が受けられるのです（図5－3参照）。

なお、ここでの「所有期間」とは、「不動産取得の日から、譲渡日が属する年の1月1日まで」のことです。勘違いしやすいのですが、不動産取得の日から譲渡当日までの期間ではありません。また、不動産の取得日と譲渡日は、原則は引き渡しの日、または登記申請書類の引き渡し日です。

図5-2　短期譲渡所得と長期譲渡所得

短期譲渡所得
= 譲渡所得 × 39.63%（所得税30.63% + 住民税9%）

長期譲渡所得
= 譲渡所得 × 20.315%（所得税15.315% + 住民税5%）

※復興特別所得税を含む

図5-3　所有期間が10年超のマイホームの軽減税率の特例

譲渡所得6000万円以下の部分
= 譲渡所得 × 14.21%（所得税10.21% + 住民税4%）

譲渡所得6000万円超の部分
= 譲渡所得 × 20.315%（所得税15.315% + 住民税5%）

※復興特別所得税を含む

不動産の取得後、何度お正月を迎えたかで計算するとわかりやすいでしょう。取得日からお正月を6回迎えたら5年超の長期譲渡所得となります。

5年を境に短期譲渡所得から長期譲渡所得に切り替わるのがひとつのポイントです。5年目や10年目を目前にしている人は、少し待ってから売り出すのも節税のための戦略になります。

物件の購入価格と売却価格が同額でも譲渡所得は発生する

譲渡所得は購入価格よりも売却価格が上回ったときに税金がかかるとお話ししました。では、購入価格と売却価格が同額だったら、非課税になるのでしょうか。

残念ながら、答えは「ノー」です。売却益が発生したとみなされます。なぜなら減価償却の分だけ不動産の価値が下がっていたと考えられるからです。

建物は時間の経過とともに劣化が進行しています。取得費では、その劣化分だけ減価償却して計算しなければなりません。

減価償却費は、建物の法定耐用年数に基づいて算出します。

法定年数は構造によって異なっており、木造のマイホームや別荘なら、耐用年数は33年で償却率は0・031。鉄筋コンクリートであれば、耐用年数70年で償却率

0・015です。

減価償却費の計算方法には、毎年同額を減価償却する「**定額法**」と、毎年同率を減価償却する「**定率法**」の2種類の方法がありますが、住宅用建物は「定額法」で計算します（先述の計算方法は定額法での計算です）。複雑な計算が求められますので、税務署や税理士に相談し確認しながら計算してください。

税負担を軽減できる特別控除とは？

これまでの説明からもわかる通り、**譲渡所得から課税譲渡所得を求めるには、「特別控除」を差し引く必要があります。**

特別控除はマイホームの売却をするときに税負担を軽減するために設けられています。いくつもの種類がありますが、**大きく分けて住宅ローン控除と併用できるタイプとそれができないタイプの2つに分類されます。**

適用条件は物件がマイホームであること、所有者が実際に住んでいたことが前提となります。たとえば、別荘などには適用されません。

①3000万円特別控除

所有期間に関係なく、譲渡所得から最高3000万円が控除される特例です。特例を利用した場合の税額の計算式は、（譲渡所得－3000万円）×税率となります。

前年または前々年に同じ控除を利用している場合は適用を受けられません。また、後述する特定の居住用財産の買換え特例や住宅ローン控除との併用もできない点に注意が必要です。

住み替えでの売買には適用されない特例といえます。住み替えをする人のなかには賃貸物件への転居でワンクッション置いて、特別控除を適用させて売却した翌々年以降に新居を購入する人もいます。

自宅を売却した場合、多くの方は住宅ローンを組んで住み替えを行います。そのとき3000万円特別控除か住宅ローン控除か、どちらか片方を選ばなくてはなりません。どちらが得なのか、シミュレーションするとよいでしょう。

②10年超所有軽減税率の特例

前述の3000万円特別控除と併用できる特例です。

③特定の居住用財産の買換え特例

名称の通り、住まいを買い替えるときに利用できる特例です。譲渡価格よりも高額な住宅に買い替えた場合、譲渡所得への課税を次回の売却時まで繰り延べられます。

たとえば3000万円で購入した住宅を4000万円で売却した場合、1000万円が譲渡所得となります。ここでは話をシンプルにするため諸経費はないものとして考えます。売却価格より高い6000万円の住宅に買い替えた場合は譲渡所得への課税が停止されます。

これはあくまで課税の繰り延べです。買い換えた住宅を売却したときに譲渡所得が発生すれば、停止されていた譲渡所得への課税が加算されて税額が計算されます。

買換え特例を利用するためには、次の要件をすべて満たす必要があります（図5―4参照）。

なお、この特例には期限があります。
2023年12月31日の売却までの適用となっています。

④譲渡損失の損益通算・繰越控除の特例

売却した住居が元値より値下がりするなどして、譲渡所得がマイナスになった場合に適用できる特例「損益通算」があります。譲渡損失が出た年は、その他の所得と相殺して所得税や住民税を減らすことができます。

1年で控除しきれなかった損失は、翌年以降の所得からも繰り越して差し引ける「繰越控除」を利用できます。この「譲渡損失の繰越控除」は最長3年間使えます。つまり、売った年の損益通算と合わせて最長で4年間、所得税や住民税がゼロになるか、軽減されるというわけです。

この特例は住宅ローン控除と併用が可能です。所得が発生した年（損益通算や繰越控除で所得がゼロにならなかった年）は所得税や住民税から住宅ローン控除を差し引くことができます。

譲渡損失の繰越控除を利用するためには、以下の要件をすべて満たす必要があり

図5-4　買換え特例を利用するための要件

●お住まいの住宅を売ること。以前住んでいた家の場合は、住まなくなった日から3年目の12月31日までに売ること

●売った年の前年と前々年に3000万円特別控除や10年超所有の場合の軽減税率の特例、買換え特例、譲渡損失の繰越控除を利用していないこと

●売却価格が1億円以下であること

●居住期間が通算10年以上で、所有期間が10年超であること

●買い替え先の住宅の登記床面積が50㎡以上であること

●自宅を売った年の前年から売った年の翌年までの3年間に買い替え先の住宅を取得すること

●買い替え先の住宅が耐火建築物の場合は築25年以内、または現行の耐震基準を満たすもの

●親子や夫婦など特別な関係がある人に対して売ったものではないこと

●売った翌年に確定申告すること

ます（図５－５参照）。

ただし、譲渡損失の損益通算・繰越控除の特例の適用期限は２０２３年12月31日の売却までとなっています。

ここではマイホームを売却した場合の特例のみをご紹介しました。ほかにも空き家を相続した場合の特例、土地を取得した場合の特例などがあります。詳しい内容を知りたい方は、ぜひ信頼できる不動産会社に相談していただくとよいでしょう。

図5-5　譲渡損失の繰越控除を利用するための要件

●自分が住んでいる住宅を売ること。以前に住んでいた家の場合は、住まなくなった日から3年目の12月31日までに売ること

●売った年の前年と前々年に3000万円特別控除や10年超所有の場合の軽減税率の特例、買換え特例、譲渡損失の繰越控除を利用していないこと

●所有期間が5年超であること

●合計所得金額が3000万円以内

住宅を買い替える場合

●売却した住宅の敷地面積が500㎡以内（500㎡を超える部分の譲渡損失は対象外）

●買い替え先の住宅の登記床面積が50㎡以上

●自宅を売却した年の前年1月1日から翌年12月31日までに新居を取得し、取得した年の翌年12月31日までに入居、または入居の見込みであること

●返済期間10年以上の住宅ローンを借りて新居を取得すること

住宅を買い替えず、売却のみの場合

●売却の前日に売却住宅に住宅ローン残高があること

●売った翌年に確定申告すること

＊売却のみの場合の譲渡損失は、売却した前日の住宅ローン残高から売却価格を差し引いた額が上限となる

おわりに

私がグローバルトラスト不動産株式会社を創業したのは2017年のことです。前職は大手不動産会社勤務でした。そのときの知見から、せっかく信頼して仲介のご依頼をいただいたのに、「囲い込み」があることで売り主様が損をしている現状に心を痛めていました。「囲い込み」を外した状態でよりよい不動産物件の売却をお手伝いしたいという思いから現在の会社を創業したのです。

情報があふれる現代社会においても、不動産業者と一般の方との間には大きな情報格差があります。弊社は、売却仲介手数料最大無料サービスを通じて、閉ざされていた不動産取引のグレーゾーンを包み隠さず公開し、あるべき不動産仲介を実践することでお客様にご奉仕したいと考えて活動をしています。

仲介手数料が最大無料になる「ゼロチュー売却®」のご提案

弊社では創業の理念である「囲い込み」の撤廃と顧客満足度ナンバーワンを実現するため、ご売却時の仲介手数料の無料または半額を実施しています。実際、現状で7割のお客様（売主様）に対して仲介手数料は無料で仲介してきました。

なぜ無料で仲介できるのかと思われるかもしれません。

弊社は売主様、買主様双方から仲介手数料をいただくことはしません。

弊社で買主様をご案内し、ご成約した場合に限り、売主様の仲介手数料が無料という仕組みになっています。つまり、弊社の成約案件の7割は、自社で買主様を探したということです（売主様の手数料が無料のときでも、買主様からは3％の手数料をいただいております）。

一般的な不動産仲介業では手数料が3％なのに対して、「ゼロチュー売却」は無料または半額です。無料はもちろんのこと、半額の1・5％でもお客様にとっては価値のある数字ではないでしょうか。
1・5%の手数料を実現するために弊社では次の施策を行っています。

- **実績のある大手不動産会社の経験者のみで運営**
- **新人教育費や採用費など人件費を40%カット**
- **社員は宅建士資格保有者のみを採用**
- **駅前の路面店舗維持費や紙媒体のチラシなどの広告費を圧縮することで経費を60%カット**
- **「囲い込み」をしないことで売却期間短縮を実現**
- **ターゲットを首都圏に絞り込むことで専門性の高さと収益性を担保**

弊社ではこのように会社の固定費等を必要最小限に抑え、効果の最大化を図るビジネスモデルを展開しております。

手数料無料で売主様の手取り額が増えます

売主様にとって、高額な仲介手数料は大きな負担になっていることでしょう。
一般的な不動産仲介会社で成約すると次のような金額を想定できます。

・5000万円の不動産の売却
（5000万円×3％＋6万円）×消費税＝171万6000円

・9000万円の不動産の売却
（9000万円×3％＋6万円）×消費税＝303万6000円

しかし、ゼロチュー売却では、最大で前記の手数料がすべて売主様の手取り額に加算されます。現在弊社で仲介させていただいている売主様においては、この仕組みに共感していただいて高価格帯物件を預けてくださる方が大勢いらっしゃいます。

都心の不動産は、どの不動産会社に頼んでも需要があるため、基本的には売れます。せっかく頼むのであれば、「囲い込み」をしない仲介会社がよいでしょう。損をせずに売却ができ、成約のスピードも速いからです。

加えて、手数料が無料だったら理想的ではないでしょうか。

仲介手数料無料を謳う不動産会社は実は他にも存在します。

しかし、建物保証がなかったり、担当者に大手不動産会社での売却実績がなかったりする会社が多いのが現状です。当社は仲介手数料が無料なだけではありません。大手不動産会社での経験・実績が豊富なプロエージェントが担当いたします。

グローバルトラスト不動産はこれからも皆さんのお役に立てるように精力的に活動していきます。

グローバルトラスト不動産　代表取締役　桝谷浩太

著者紹介

桝谷浩太（ますや・こうた）

グローバルトラスト不動産株式会社代表取締役

1984年生まれ、神奈川県出身。ハウスポート湘南（現・東宝ハウス横浜）、三菱UFJ不動産販売、ソニー不動産（現・SRE不動産）で主に居住用不動産の売買仲介営業を経験。その後、透明性の高い不動産取引の仕組みをもっと世の中に広めたいと思い、2017年にグローバルトラスト不動産株式会社を設立する。不動産業界で問題となっている物件の「囲い込み」を仕組みで解決するために、売却仲介手数料最大無料サービスに取り組むなど不動産業界の健全化を促進する活動に力を入れる。

初《はじ》めてでも安心《あんしん》！

失敗《しっぱい》しない家《いえ》の売《う》り方《かた》・買《か》い方《かた》　〈検印省略〉

2023年 2 月 13 日　第 1 刷発行
2024年 12 月 13 日　第 3 刷発行

著　者――桝谷 浩太（ますや・こうた）
発行者――田賀井 弘毅

発行所――あさ出版パートナーズ
〒168-0082 東京都杉並区久我山 5-29-6
電　話　03 (3983) 3227

発　売――株式会社あさ出版
〒171-0022 東京都豊島区南池袋 2-9-9 第一池袋ホワイトビル 6F
電　話　03 (3983) 3225（販売）
　　　　03 (3983) 3227（編集）
F A X　03 (3983) 3226
U R L　http://www.asa21.com/
E-mail　info@asa21.com
印刷・製本　(株)ベルツ

note　http://note.com/asapublishing/
facebook　http://www.facebook.com/asapublishing
X　http://twitter.com/asapublishing

ISBN978-4-86667-489-6 C2034